PNL

Fundamentos de la
**PROGRAMACIÓN
NEUROLINGÜÍSTICA**

Helmut Krusche

La Rana sobre la Mantequilla

PNL

Fundamentos de la
PROGRAMACIÓN
NEUROLINGÜÍSTICA

editorial Sirio, s.a.

Si este libro le ha interesado y desea que lo mantengamos infor-
mado de nuestras publicaciones, escríbanos indicándonos cuáles son los temas de su interés (Astrología, Autoayuda,
Esoterismo, Qigong, Naturismo, Espiritualidad, Terapias
Energéticas, Psicología práctica, Tradición...) y gustosamente
lo complaceremos.

Puede contactar con nosotros en
comunicación@editorialsirio.com

6ª edición: enero 2011

Título original: DER FROSCH AUF DER BUTTER
Traducido del alemán por Editorial Sirio
Diseño de portada: Editorial Sirio, S.A.

©   de la edición original
     Econ Verlagsgruppe
     Kaiserswertherstrasse, 282
     D-40474 Düsseldorf
     Alemania

©   de la presente edición

EDITORIAL SIRIO, S.A.	EDITORIAL SIRIO	ED. SIRIO ARGENTINA
C/ Rosa de los Vientos, 64	Nirvana Libros S.A. de C.V.	C/ Paracas 59
Pol. Ind. El Viso	Camino a Minas, 501	1275- Capital Federal
29006-Málaga	Bodega nº 8,	Buenos Aires
España	Col. Lomas de Becerra	(Argentina)
	Del.: Alvaro Obregón	
	México D.F., 01280	

www.editorialsirio.com
E-Mail: sirio@editorialsirio.com

I.S.B.N.: 978-84-7808-186-8
Depósito Legal: B-1.034-2011

Impreso en los talleres gráficos de Romanya/Valls
Verdaguer 1, 08786-Capellades (Barcelona)

Printed in Spain

Sobre este libro

La PNL, programación neurolingüística, es un método que nos ha abierto la puerta a una nueva dimensión de la comunicación humana. Su nombre, algo extraño, se compone de varios conceptos.

Programación: empleo sistemático de las pautas de la percepción sensorial y del lenguaje con objeto de alcanzar un objetivo determinado.

Neuro: procede de la palabra griega "neuron", que significa nervio. Todo comportamiento es el resultado de una serie de procesos neurológicos. Para comprender estos procesos es necesario descomponerlos y reducir las informaciones a fragmentos fácilmente asimilables.

Lingüística: del latín "lingüa", lengua. El lenguaje y otros sistemas de comunicación constituyen un medio de representar y ordenar los procesos nerviosos producidos por nuestras experiencias internas y externas.

A tenor de la definición de estos conceptos, se podría pensar que se trata de un asunto harto complejo y abstracto. No obstante, los procedimientos de la PNL poseen una clara orientación práctica y una gran eficacia. Desde hace unos años, sus técnicas y modelos están encontrando en Alemania una gran acogida por parte de los terapeutas y los profesores que imparten cursos de perfeccionamiento. Las ideas de la PNL, además de ser muy sencillas y muy fáciles de poner en práctica, poseen numerosas aplicaciones en todos los ámbitos vitales.

Helmut Krusche, desde su prolija experiencia como docente en esta materia, nos expone los fundamentos teóricos de la PNL y nos muestra cómo utilizarla individualmente para mejorar nuestras relaciones interpersonales, influir en otros de forma responsable y ayudarles a transformar creativamente su conducta. Simultáneamente, el lector aprenderá qué debe hacer para convivir mejor consigo mismo, evolucionar positivamente y desarrollar sus recursos personales.

Sobre el autor

Tras estudiar Lenguas y Ciencias Económicas en la Universidad de Heidelberg, Helmut Krusche desempeñó diferentes cargos en la industria y en el Ministerio Federal de Economía alemán. En 1973 ocupó una cátedra en la Escuela Técnica Superior de Frankfurt/Main, ejerciendo la función de decano del departamento de Ciencias Sociales durante 15 años. Fue entonces cuando se decidió a estudiar la PNL, graduándose como Master-Practitioner. Ha escrito varios libros acerca de este tema y posee una dilatada experiencia terapéutica y docente.

Introducción

El tema de este libro es la comunicación interpersonal. En las páginas que siguen el lector encontrará una serie de claves para establecer relaciones fecundas, influir responsablemente en otras personas y ayudarles -si así lo desean- a modificar su personalidad de una manera creativa.

Aprenderá también cómo convivir satisfactoriamente consigo mismo, cómo desarrollarse de forma positiva y sobre todo, cómo estimular su potencial personal.

En todo momento he procurado reducir el caudal de información, disponen de aplicaciones concretas y su eficacia ha podido constatarse. Las instrucciones y ejemplos, por otra parte, son reales, precisos y muy fáciles de poner en práctica.

Reflexionar sobre las ideas, técnicas y estrategias contenidas en este libro, hará que nuestra vida profesional -ya seamos empleados o directivos- experimente un gran cambio, aun mayor en el caso de que nos decidamos a ponerlas en práctica.

Nuestra capacidad para influir positivamente en otras personas y para afrontar con éxito los problemas vitales se verá reforzada. Lograremos cambiar todas esas actitudes que nos impiden manejar activamente nuestra vida y podremos convertirnos en individuos más satisfechos, más eficaces, más saludables, ser más felices y tener más éxito.

Gran parte de lo que sigue está basado en las investigaciones y experiencias de la programación neurolingüística (PNL), cuya difusión por Europa ha aumentado considerablemente durante los últimos años.

Los principios fundamentales de la PNL se publicaron en EEUU en la década de los setenta, provocando una rápida evolución en el campo de la comunicación y de la modificación personal. Desde entonces, muchos "comunicadores" creativos han profundizado en esta disciplina, ampliándola y abriendo las puertas a una nueva dimensión de la comunicación.

Pero ¿qué quiere decir programación neurolingüística? Explicar este término sería como intentar describirle a un marciano recién llegado a la Tierra cómo ponerse una camisa. Empecemos por dividir las palabras que componen el concepto y explicar su significado:

Programación: utilización sistemática de los patrones de la percepción sensorial y del lenguaje para lograr una meta determinada.

Neuro: procede de la palabra griega "neuron", que significa nervio. Todo comportamiento es el resultado de una serie de procesos neurológicos. Para comprender estos procesos es necesario descomponerlos y reducir las informaciones a fragmentos fácilmente asimilables.

Lingüística: del latín "lingua", lengua. El lenguaje y otros sistemas de comunicación constituyen un medio de representar y ordenar los procesos nerviosos producidos por nuestras experiencias internas y externas.

Aunque lo anterior parezca muy complejo, el lector podrá ir comprobando que las técnicas y los modelos propuestos poseen una evidente orientación práctica y son además sumamente eficaces. No obstante, habrá terapeutas y psicólogos que duden de que sea posible, en el breve lapso de una hora o incluso en menos tiempo, erradicar definitivamente una fobia, el miedo a la altura por ejemplo.

También cuesta creer que un alumno pueda vencer en cuestión de horas sus dificultades ortográficas, o que un estudiante venza el miedo que lo paraliza durante los exámenes. Pero todo esto es posible realmente y el porcentaje de éxitos, además, es muy elevado.

Semejantes logros no se consiguen únicamente siendo objeto de una terapia. Los consejos prácticos contenidos en estas páginas harán que cualquiera, por sí mismo, pueda reforzar su capacidad comunicativa, lo que le será útil en cualquier actividad, trátese del mundo económico, de la educación, de la política, del terreno terapéutico o de cualquier otro sector vital. También pueden utilizarse como un valioso instrumento para modificar el comportamiento, acomodándolo a nuestros deseos.

Gran parte de los conocimientos en los que se apoya la PNL se los debemos a Milton H. Erickson, sin duda uno de los terapeutas hipnóticos más creativos y eficaces de nuestra época. Personalmente, tengo que decir que muchos de mis éxitos profesionales no hubieran sido posibles sin el concurso de sus técnicas hipnóticas. En numerosas ocasiones conseguí, mediante el empleo del entrenamiento autógeno, la hipnosis convencional y la sugestión, liberar a estudiantes angustiados por el temor a los exámenes. Sin embargo, el tratamiento requería de muchas horas de esfuerzo y no siempre se veía coronado por el éxito. Hoy sé que los fracasos se debieron a que las técnicas empleadas no fueron las más apropiadas. El verdadero éxito sobrevino tras estudiar y aplicar los métodos de Erickson.

La hipnosis y el trance se mencionarán en este libro únicamente con el fin de extraer de ellos informaciones útiles para la comunicación cotidiana. Mi principal objetivo consiste en mostrar un medio para descubrir y desarrollar nuestras capacidades latentes.

No me limitaré tan solo a brindar información, sino que trataré además de describir de una forma clara y sencilla las ideas básicas de cada técnica, con objeto de que el lector pueda iniciarse en su práctica. De esta manera, se conocerá mejor a sí mismo y conocerá mejor a los demás, sabiendo en cada momento cómo adaptarse a sus interlocutores y cómo establecer un flujo de comunicación más eficaz.

Comunicar es influir en el comportamiento ajeno. Esto es algo que hacemos constantemente, en la vida privada y en la vida profesional, sea cual sea nuestra ocupación. No obstante, con las técnicas de la PNL ocurre lo mismo que con todas las cosas: nadie puede impedir que sean utilizadas espuriamente, con propósitos manipuladores. Precisamente por eso conviene conocer a fondo todas las posibilidades. Así sabremos cómo protegernos y cómo proteger a otros. No debemos aspirar a manipular aun más a los demás. Nuestra meta debe ser una comunicación responsable que preserve la integridad de aquellos con quienes tratamos.

Capítulo I

Convertirse en un maestro de la comunicación

Los maestros como modelo

Terapeutas de éxito, capaces de producir cambios drásticos en sus clientes, como Milton H. Erickson, Fritz Perls o Virginia Satir, han seguido con frecuencia los dictados de su intuición. Puede decirse que, en el momento de aplicar las terapias, desconocían por qué actuaban de un modo u otro.

Richard Bandler y John Grinder observaron la forma de trabajar de tales "maestros", buscaron los elementos básicos de su éxito y las pautas de sus trabajos. El análisis reveló que, aunque su comportamiento fuera muy distinto, tenían mucho en común. Bandler y Grinder dedujeron una serie de reglas, las utilizaron en sus propias terapias y demostraron que podían alcanzar el mismo éxito que sus modelos. En consecuencia, defendieron la tesis de que, comportándose igual que ellos, cualquiera puede alcanzar los mismos resultados que los grandes terapeutas.

Así que poseemos una especie de fórmula, algo parecido a la receta de un delicioso plato. Quizás el nuestro no resulte tan sabroso como el del maestro mismo, pero en cualquier caso la experiencia nos habrá servido paras emprender el camino hacia la excelencia.

El término "modelado" pretende reflejar el proceso de reproducir un determinado ejemplo lo más fielmente posible, el deseo de imitar con minuciosidad una conducta ajena. Opto por el término "modelo" a conciencia, en detrimento del concepto de "teoría". Un modelo es, sencillamente, una descripción del funcionamiento de algo, sin entrar en la determinación de sus causas, mientras que la teoría ha de proporcionar además una legitimación para el hecho de que el modelo parezca concordar con la realidad. Yo, que soy, por decirlo así, un constructor de modelos, os pido que al evaluar mi trabajo tengáis en cuenta esa condición de independencia del original, ya sea éste verdadero o falso, correcto o incorrecto, estético o antiestético. Lo que debería importar es si funciona o no, si es útil o no lo es.

Aquel que se guíe por uno de nuestros modelos conseguirá un resultado idéntico al del terapeuta que lo inspiró. Los fracasos eventuales podrán deberse a una de estas dos causas: haber elegido un modelo erróneo o aplicarlo incorrectamente. El interés de cualquier técnica estriba en que funcione, en que sirva para algo. Buscarle un porqué no tiene otro interés que el meramente académico.

Al principio y debido a que los "ejemplos" a seguir eran en su mayoría de terapeutas, se escogieron modelos y técnicas pertenecientes casi en su totalidad al mundo de la terapia. Muy poco tiempo después y buscando una forma de mejorar las técnicas de comunicación conocidas hasta entonces, expertos de las más variadas disciplinas comenzaron a difundirlas extensamente. Hay que decir también que muchos terapeutas hubiesen preferido conservar el monopolio de estas técnicas, convencidos como estaban de ser los únicos profesionales capaces de aplicarlas responsablemente.

Cada individuo posee su particular modelo del mundo

La palabra modelo no solo significa patrón o imagen ejemplar. También es un proyecto, o un espejo, la maqueta de un edificio. Cada persona elabora su modelo del mundo en función de sus vivencias. Percibimos las cosas de forma subjetiva, y ello determina nuestra particular forma de ver el mundo. Esta visión es como un mapa del mundo, orienta nuestro comportamiento y determina nuestras reacciones y nuestras elecciones, pero no es el mundo mismo.

Podremos entender mejor a los demás y convivir mejor con ellos conociendo su modelo del mundo, el mapa por el que se guía su conducta. Un modelo empobrecido puede ser causa de conflictos personales e interpersonales.

Dado que la vida de los seres humanos está sujeta a incontables limitaciones, las posibilidades de empobrecimiento de nuestro modelo son numerosas. Tomemos como ejemplo el desarrollo de nuestro cerebro. Frederic Vester, en su libro "Pensar, aprender, olvidar", escribe que el crecimiento de las neuronas de un recién nacido durante los primeros meses de su vida está estrechamente ligado a sus vivencias y al ambiente que lo rodea. Las experiencia externa, percibida a través de los sentidos, influye en la formación de su cerebro. "Las diferentes partes de la corteza cerebral" escribe, "se interconexionan de la manera más conveniente para responder al ambiente en los primeros meses de vida".

Los estímulos conformadores de la estructura básica del cerebro que puede recibir un recién nacido son muy variados. Para un niño africano, las primeras impresiones estarán relacionadas principalmente con el tacto, el olfato y la vista, dado que su madre lo transporta en la espalda y el niño percibe todos sus movimientos, siente su piel, su calor, siente el aire, ve formas...

Los niños de nuestro ámbito cultural, en cambio, están mucho más separados de la madre. La oyen hablar y la ven, pero casi no experimentan sus movimientos corporales y en muy contadas ocasiones sienten el contacto de su piel; se hallan mucho más protegidos, más alejados de su entorno, los marcan más los ruidos de la radio y la televisión que las imágenes y el sonido de la naturaleza.

Estas tempranas impresiones los conducen a un desarrollo desigual de los diferentes canales perceptivos, con la consiguiente limitación de las experiencias vitales. Ocurre que ignoramos muchas impresiones que no se corresponden con nuestros sistemas perceptivos favoritos y que esas impresiones, en consecuencia, no tienen ninguna influencia en nuestro modelo del mundo.

Para ilustrar lo dicho acerca de los modelos empobrecidos, quisiera decir algo sobre mi propio modelo. El interés por los monumentos arquitectónicos históricos no forma parte de mi mapa del mundo, por lo que contemplarlos no me produce ninguna sensación especial. Durante mi época estudiantil trabajé como guía turístico en Heidelberg, así que habré subido unas tres mil veces a su famoso castillo. La ciudad de Heidelberg me resulta agradable y el castillo me parece muy romántico, pero soy incapaz de comprender las fuertes emociones que la simple visión de la ruina o del casco antiguo de la ciudad provocaba en tantos turistas, que muchas veces prorrumpían en exclamaciones efusivas.

Sin embargo, me invade una emoción idéntica cuando deambulo por las viejas callejuelas de Heidelberg y percibo los olores particulares de los barrios, o cuando me hallo mezclado con personas de distintas nacionalidades y escucho el sonido de sus respectivos idiomas.

Lo que nos limita, con frecuencia, es nuestra manera de pensar, que no deja ningún margen para las alternativas. Quienes están llenos de pensamientos negativos y solo perciben el lado sombrío de la existencia acostumbran a dejar pasar sus oportunidades, porque no repararan en ellas en ningún momento; son los pesimistas, los convencidos de que "esto acabará mal", aquellos que no pueden disfrutar de la luz del sol porque saben que pronto llegará la noche.

Para esta clase de individuos nuestro mundo de polaridades solo posee una vertiente: la negativa. Su modelo no contempla que "bueno" y "malo" no son más que los dos polos, relacionados entre sí, de un mismo eje, del mismo modo que la salud y la enfermedad, o la luz y la oscuridad. Tampoco conciben que la misma persona haya de experimentar los dos aspectos de las cosas a lo largo de su vida. La consiguiente carencia de opciones restringe drásticamente su libertad de acción.

Hace poco tiempo me hallaba en el coche de un conocido, que buscaba aparcamiento en una calle concurrida. Yo sabía que sería difícil hallar una plaza libre, pero confiaba en que podría surgir alguna oportunidad. Mi amigo, en cambio, estaba firmemente convencido de que no hallaría ningún hueco. Esa fue la causa de que no viera que en uno de los coches aparcados había un hombre que se disponía a encender el motor, lo cual permitía suponer que se marcharía enseguida. Las facultades perceptivas de mi amigo se encontraban tan disminuidas que tardó bastante en reaccionar, y cuando le señalé lo anterior tuvo que retroceder un buen trecho para poder ocupar la plaza desalojada. Resulta curioso que haya quienes tienen tan "buena suerte" que siempre encuentran aparcamiento donde lo necesitan, mientras que otros han de buscar y buscar sin ningún éxito.

El meta-modelo

El lenguaje es de suma importancia en los procesos comunicativos, ya que, junto con los gestos, refleja las experiencias subjetivas que determinaron el modelo general de un individuo. En la forma de hablar existe una reverberación de las vivencias, pero -y esto es muy importante- esa reverberación no es la experiencia misma.

La forma de expresión empleada por un individuo nos indica qué clase de modelo subyace bajo su conducta y, conociendo el modelo, entenderemos mejor a la persona.

El proceso de formación de los modelos individuales puede reconstruirse mediante el denominado meta-modelo, que es un instrumento práctico que viene a ser como un prototipo del proceso de modelado. Nos sirve por un lado para obtener las informaciones lingüísticas que precisamos y por otro, para ayudar a la gente a enriquecer su modelos general, lo cual, redunda casi siempre en una mejora de la condiciones vitales. Es muy importante averiguar cuales fueron los procesos formativos que han intervenido en el desarrollo de un modelo. El meta-modelo parte de la premisa de que, por regla general, existen tres tipos de proceso: la *generalización*, la *eliminación* y la *distorsión*.

El proceso de *generalización* consiste en que una experiencia que ha resultado válida en un momento específico se sigue aplicando de forma indiscriminada. La generalización es muy necesaria, porque gracias a ella deducimos ciertas reglas de nuestras experiencias que simplifican las numerosas elecciones que debemos realizar cotidianamente.

Una vez que, durante la infancia, hayamos aprendido que los tornillos se aprietan girando hacia la derecha y se desaprietan hacia la izquierda, la generalización nos permite ahorrarnos muchas reflexiones futuras a la hora de abrir un grifo, manejar la válvula de la calefacción, los sacacorchos, etc. No obstante, la generalización también puede limitarnos, incluso cuando se trate de apretar un tornillo, porque lo común es mirarlos desde arriba, pero podría ocurrir que lo estuviéramos viendo desde abajo. ¿Qué pasaría entonces? Hace poco, al intentar desenroscar la goma de la ducha desde abajo, me confundí de dirección y en lugar de desaflojarla, la apreté cada vez más.

En el terreno emocional, las generalizaciones pueden resultar muy limitadoras. Por ejemplo, una mujer herida sentimentalmente por un hombre podría generalizar esa experiencia y llegar a pensar que todos los hombres se conducirán igual con ella, limitando así drásticamente su vida futura. Las generalizaciones de esta clase son muy frecuentes.

Hay palabras y expresiones tales como "uno debe", "uno debería", "todo el mundo", "siempre", "nunca", etc, que permiten entrever la existencia de procesos generalizadores.

La *eliminación* es como un filtro que solamente permite el acceso a nuestra conciencia de algunas de las incontables afirmaciones que oímos constantemente. Las reacciones de las personas afectadas de sordera y provistas de un aparato auditivo constituyen un buen ejemplo de lo que sucede cuando uno se expone a los ruidos del entorno. Como el citado aparato no permite la eliminación, para un sujeto sordo una conversación animada entre varias personas puede resultar un verdadero suplicio.

Es necesario eliminar las informaciones irrelevantes, pero hay que tener en cuenta que la supresión automática puede conducirnos a la exclusión de un gran número de experiencias que tendrían que formar parte de nuestro modelo general.

En las discusiones conyugales suelen aparecer frecuentemente las eliminaciones. El otro siempre es culpable. Los propios actos y errores, causantes en buena parte del embrollo, son eliminados, a menudo de una manera inconsciente. Pero los grandes maestros de la eliminación son los niños, que sencillamente no oyen lo que no les interesa.

La *distorsión* es también un proceso normal en nuestras vidas. Se trata de la deformación o falseamiento de las realidades percibidas por nuestros sentidos. Las substantivaciones son un signo de distorsión. Al transformar los verbos en sustantivos, convertimos lo que es un proceso inconcluso en un acontecimiento que está fuera de nuestro control. La expresión: "lamento mi decisión" contiene una substantivación; la palabra decisión se refiere a algo concluido mientras que el verbo decidir refleja un proceso activo.

Además de las generalizaciones, las eliminaciones y las distorsiones, existen otros muchos procesos. Bastante interesante es la suposición, cuya incidencia negativa se observa con frecuencia en los conflictos de pareja. "Sé muy bien que no me quiere". ¿Cómo se puede saber esto? ¿Acaso es posible adivinar el pensamiento de otros? La otra cara de la moneda es creer que los demás deberían saber en todo momento lo que nosotros pensamos o sentimos.

El meta-modelo nos permite adentrarnos en nuestro modelo, definir sus limitaciones y mejorar nuestra comunicación. Veamos algunos ejemplos que ponen de relieve la versatilidad del meta-modelo: "nadie me quiere" La palabra nadie constituye una generalización, se ha generalizado una experiencia pasada, aunque no se ajuste a la realidad. ¿Quien es nadie exactamente? Las generalizaciones son un instrumento necesario para la vida diaria, pero resultan contraproducentes cuando se aplican fuera de contexto. Es posible reconocer generalizaciones en el empleo de palabras como nadie, todos, cada, siempre, nunca, uno... "Todo se me olvida" "Nunca lo hago bien". Existe un modo muy eficaz de penetrar en el corazón de estas generalizaciones: enfatizar especialmente las expresiones generalizadoras, ¿*nunca* hace nada bien? ¿*todo* se le olvida?

Un individuo dice: "tengo miedo". Se trata de una información incompleta, algo se ha eliminado. Necesitamos averiguar, mediante preguntas concretas, qué o quién le provoca el miedo con objeto de recuperar la información suprimida:

"Esto no me gusta" "¿Qué es exactamente lo que no le gusta?".

"No entiendo" "¿Qué es lo que no entiende?".

Como ya se ha dicho, las substantivaciones pueden ser un indicio de la existencia de distorsiones. Los buenos oradores cuidan el estilo y evitan las substantivaciones, puesto que entorpecen la comprensión del mensaje. Los verbos, por el contrario, amenizan el estilo, le transmiten vivacidad y dinamismo. La expresión "quiero expresar mi alegría" suena algo tosca comparada con esta otra: "me alegro". Empleando los correspondientes verbos se puede llegar al fondo de las substantivaciones:

"Nadie me presta ayuda". "¿Cómo podríamos ayudarte?".

"Tengo miedo". "¿Qué es lo que te angustia?".

Capítulo II

Presuposiciones útiles

Resulta muy útil partir de algunas suposiciones acerca del ser humano y de su carácter; no es necesario buscar pruebas que nos convenzan de su certeza, porque la verdad siempre es subjetiva. No obstante, aunque no se trate de hechos indiscutibles, estas suposiciones no son meras imaginaciones, sino el producto de un cúmulo de experiencias y observaciones.

Es muy importante ser flexible, no limitarse, si pretendemos comunicar con eficacia. Si a uno se le ocurre que una certeza deja de serlo, no debe dudar en arrojarla por la borda, sustituyéndola por otra más adecuada.

Lee detenidamente los siguientes puntos:

1) La conducta del ser humano se desarrolla en dos niveles distintos, uno consciente y otro in-consciente. Estos conceptos, que nos traen a la memoria la figura de Sigmund Freud, que fue quien acuñó el término de inconsciente, son muy conocidos. Podemos dar un paso más y afirmar que el inconsciente se compone de partes diferentes que poseen un cometido particular. Si los perros te causan temor, incluso cuando no exista un peligro concreto, ello se debe a que una parte de tu inconsciente, justificada por alguna experiencia pasada, sigue generando miedo.

2) Todo ser humano posee la capacidad de modificar su comportamiento cuando es necesario. Solamente uno mismo puede autotransformarse. Podemos resolver cualquier problema, porque disponemos de la fuerza y el potencial para hacerlo. Nosotros creemos que todo ser humano posee los recursos -cualidades, energía, conocimiento- requeridos para vivir satisfactoriamente. Ocurre que a menudo estas aptitudes se hallan en estado latente y habría primero que desvelarlas para poder sacarles partido. Un terapeuta puede ayudarnos durante el proceso, pero nada más. No se le puede exigir que nos libre del miedo, porque eso está fuera de su alcance, aunque haya quien pretenda lo contrario. La labor de un terapeuta honrado no es otra que cooperar con su paciente, poniendo a su disposición todos sus conocimientos.

3) Mucha gente, sobre todo muchos terapeutas, consideran que se necesita bastante tiempo para modificar un comportamiento. La experiencia demuestra, sin embargo, que el ser humano puede cambiar con gran rapidez. Nuestro cerebro, cuando se le facilita el proceso, aprende a gran velocidad.

4) Cualquier conducta tiene algún sentido o resulta útil en cierto contexto, incluso la más absurda. Este punto hay que tenerlo muy en cuenta cada vez que queramos contribuir a transformar la conducta a un sujeto.

5) Antes de realizar un cambio es preciso definir con precisión el objetivo. Cambiar significa moverse de un sitio a otro, así que si deseamos llegar a algún lugar tendremos que conocer exactamente nuestra meta.

6) También es muy importante reflexionar sobre las consecuencias de los cambios, que de nada servirían si la nueva conducta es menos útil que la antigua. Tenemos que considerar con

sumo cuidado las futuras repercusiones de cualquier modificación. A esto lo denominamos *chequeo ecológico.*

7) El último paso, y el más importante, del proceso de transformación, consiste en tender puentes hacia el futuro. No tiene sentido lograr que el cliente modifique su comportamiento si solo es capaz de hacerlo en el reducido marco de la consulta del terapeuta. La nueva conducta habrá de manifestarse también cuando el individuo regrese a su entorno habitual. Por eso es tan importante vincular el nuevo comportamiento con el futuro, para que esté disponible siempre que la situación lo requiera.

Los puntos anteriores son lo que denominamos *presuposiciones.* También se les puede llamar credos. El trabajo resultará más fácil aceptándolos al menos como principios básicos y el éxito será mucho mayor cuando nos hayamos convencido de que son ciertos. Lo que nos transmite la seguridad necesaria para conseguir todo aquello que nos propongamos no es otra cosa que mezclar el conocimiento y la fe. Hay mucha gente que, aún sabiendo que dominan determinado tema, no acaban de confiar en su capacidad. "En el fondo, sé que puedo aprobar el examen...". La expresión "en el fondo", además de limitar su fe y reducir su capacidad y sus posibilidades de éxito, revela que no acaban de creer en sí mismos. Aquel que es consciente de que sabe y lo cree de todo corazón, es capaz, como dice la Biblia, de mover montañas. La fe nos da fuerza. Sin ella nos costaría mucho convertir nuestras metas en realidad, por muy motivados que estemos.

Es muy conveniente entender y asimilar las presuposiciones, porque son el fundamento de una comunicación eficaz. Debido a su importancia, voy a tratarlas con detalle en las próximas páginas.

Las múltiples dimensiones
de la mente

"Hacer algo inconscientemente es una buena manera de hacerlo", dijo Bandler. Esta afirmación parte de la misma base que el psicoanálisis y otras terapias, que suponen que el comportamiento humano está tan condicionado por lo inconsciente como por lo consciente.

Gracias a los descubrimientos de Roger W. Sperry y sus colaboradores del California Institute of Technology, sabemos que los dos hemisferios cerebrales del ser humano se hallan separados y se distinguen muy claramente por sus respectivas aptitudes o "consciencias". Hace ya tiempo que el neurólogo francés Pierre Paul Broca descubrió que la responsable de la motricidad lingüística en las personas diestras era una determinada región del hemisferio izquierdo, región que hoy sigue denominándose área de Broca.

Sperry y sus colaboradores obtuvieron los datos mediante la observación minuciosa de un grupo de epilépticos a los que se les había practicado una incisión en el cuerpo calloso, interrumpiendo la comunicación entre ambos hemisferios cerebrales. Con esta operación se consigue que el ataque epiléptico no se transmita de uno a otro hemisferio y se reduce su intensidad considerablemente. En 1981, como reconocimiento a sus investigaciones, a Sperry le fue concedido el premio Nóbel.

El hemisferio izquierdo se encarga de las funciones racionales, mientras que el derecho trabaja más bien de un modo intuitivo o integral. Frecuentemente los conceptos "consciente" e "inconsciente" se sustituyen por los de "hemisferio izquierdo" y "derecho" respectivamente.

Pero los últimos avances de la investigación cerebral demuestran que esta división bilateral aún no refleja la realidad. Nuestra mente es muy compleja y posee numerosas dimensiones. Distinguir una parte consciente de otra inconsciente, o diferenciar simplemente entre ambos lados, izquierdo y derecho, es una descripción bastante pobre. El cerebro humano alberga multitud de "mentes" o regiones independientes.

Las diversas zonas pueden actuar con independencia e incluso hacerlo una contra otra. La mente humana, en consecuencia, no es unidimensional, ni tampoco bidimensional o tridimensional. Es multidimensional. Robert Ornstein, situado en la vanguardia del conocimiento de la materia cerebral, acuñó el siguiente término inglés: "multimind".

En realidad, para muchas personas esto no es ninguna novedad. Quien observa su conducta con visión crítica sabe que en muchas ocasiones se toman decisiones poco razonables. Las decisiones proceden de alguna región interior y a veces ni siquiera podemos explicarnos el porqué de cierta actitud.

Nuestro punto de partida ha de ser el siguiente: la mente está constituida por muchas áreas que a veces colaboran entre sí y a veces no. Aceptando lo anterior como un hecho, pueden llegar a sucedernos cosas maravillosas.

Uno de mis clientes, pese a que sabía cómo comportarse perfectamente bien desde un punto de vista intelectual, se veía desbordado continuamente por sus emociones. Le propuse que usara su imaginación e invitase a las diferentes partes de su mente a asistir a una especie de conferencia, con objeto de que repararan en sus contradictorias acciones y pudieran alcanzar la unanimidad.

Mi cliente cerró los ojos, se relajó y trató de visualizar una sala de conferencias y unos personajes que representaran los distintos aspectos de su ser. Podía ver el escenario con nitidez, pero los personajes no aparecían. Súbitamente, y sin mediar ninguna provocación intencionada, la sala se convirtió en un tribunal.

El juez encargado del caso presidía el local desde un asiento elevado. En la misma mesa, dos personas más se hallaban frente a frente: un hombre alto y vigoroso al que reconoció inmediatamente como el representante de sus potentes sentimientos y otro, muy pequeño y enclenque, que simbolizaba su intelecto.

El segundo apenas podía pronunciar palabra, en tanto que el primero insistía repetidamente en la importancia de expresar las emociones. El juez, sabio y paciente, escuchaba todo cuanto se decía. Poco después le explicó al "sentimiento" que, a largo plazo, su forma de comportarse lo conduciría a la autodestrucción y que su supervivencia dependía de que llegara a un arreglo con la razón.

Observando a mi cliente me daba yo perfecta cuenta de los procesos que se desarrollaban en su interior. Finalmente, el sentimiento se dejó convencer y aceptó cambiar, comprometiéndose a refrenarse y a buscar el equilibrio. En ese preciso instante la figura de la razón comenzó a crecer y a fortalecerse y los contrincantes se convirtieron en colaboradores emancipados e iguales.

Alguien podrá pensar que esto es como un cuento fantástico. Pero resulta que todo lo que nuestra mente puede hacer es fantástico. Nuestra mente es capaz tanto de destruir a otras personas como de eliminar nuestros defectos físicos y psíquicos, manteniéndonos saludables. Me alegró mucho el hecho de que la relación entre ambas zonas del cerebro de mi cliente se tornara cálida y armoniosa.

Las modernas investigaciones en materia cerebral han arrojado resultados que, a mi juicio, son importantes, por lo que quisiera exponerlos. Pueden ayudarnos a comprender mejor nuestra mente y nuestros comportamientos, y los de los demás. Una excelente descripción de todo esto se encuentra en el libro "Multimind" de Robert Ornstein.

El cerebro humano se ha ido desarrollando a lo largo de aproximadamente quinientos millones de años. Durante ese periodo, sus diferentes áreas se han ido especializando en consonancia con las necesidades evolutivas de los vertebrados, los mamíferos y los primates. Nuestro actual cerebro posee, pues, el mismo patrón que los cerebros de hace millones de años, aunque sus necesidades, objetivos, y funciones, hayan variado. Esto quiere decir que en la actualidad nuestro cerebro resulta arcaico.

El tronco cerebral controla los procesos vitales básicos y el dispositivo de alarma de nuestro organismo. El tálamo, que nació con la conversión de los animales acuáticos en terrestres, se caracteriza entre otras cosas por su capacidad de reacción frente al peligro. La última fase de la espiral evolutiva ha sido el cerebro propiamente dicho. En él reside la facultad de hablar, pensar y decidir.

Los hallazgos más recientes demuestran que la razón y la intuición no son las únicas funciones que se pueden atribuir a los hemisferios izquierdo y derecho del cerebro respectivamente, sino que hay además en él un gran número de aptitudes y talentos situados en determinadas regiones. Lo anterior es la confirmación de que muchas capacidades humanas, bastantes más de las que se creía, son innatas. No obstante, está claro que cada persona las desarrolla a su manera, dependiendo del entorno en el que crezca.

Una constatación importante es que no somos capaces de emplear simultáneamente todas nuestras capacidades. El consciente solo puede concentrarse en unos pocos aspectos. Pasamos de una aptitud a otra en función de las situaciones, con lo que nuestra conducta puede variar de un instante a otro.

Quien desee comprender realmente los comportamientos humanos nunca deberá perder de vista el cometido primordial del cerebro: procurar que los seres vivientes sobrevivan en un ambiente hostil. El entorno se caracteriza por sus numerosos acontecimientos y por la gran cantidad de informaciones que genera, todo lo cual puede además cambiar repentinamente. Los individuos se hallan expuestos a todo esto, debiendo reaccionar y hacerle frente. Como la única forma de lograrlo es adoptar un comportamiento económico, nuestra mente nos empuja en ese sentido. Veamos cómo:

1) EL individuo está abierto a las informaciones novedosas, sobre todo si aparecen inesperadamente y son llamativas. En estos casos, el resto de la información suele pasarnos desapercibida. Una novedad excitante fue, por ejemplo, el lanzamiento del primer satélite artificial. Recordemos que el primer alunizaje fue seguido por todo el mundo a través de las televisiones con gran atención. Hoy, en cambio, el despegue de una nave espacial no suscita apenas interés. Reaccionamos intensamente frente a cualquier cambio radical, pero los cambios graduales prácticamente no los notamos. El rumor de un arroyo nos transmite un sensación de tranquilidad, porque se trata de un sonido que no entraña peligro, sino todo lo contrario. Algo que nos pone en guardia inmediatamente es el ruido que producen los neumáticos de un automóvil al tomar una curva a gran velocidad.

2) Evaluamos las informaciones recibidas comparándolas con experiencias anteriores. Así juzgamos si son o no peligrosas y si es preciso que reaccionemos de algún modo.

Simplificamos el mundo apartando a un lado todas las informaciones irrelevantes, ignoramos todo aquello que no nos concierne o que carece de importancia en un momento dado. Esto demuestra que, efectivamente, el cerebro cumple la función de garantizar la supervivencia de la especie. Es necesario, para reaccionar con prontitud, que podamos concentrarnos en lo esencial, en lo desconocido, sin prestarle atención a lo demás.

Hay una forma de aprovecharse de estos conocimientos. Supongamos que deseamos ayudar a alguien a relajarse. Si fijamos su atención en sus propios procesos corporales restringiremos la actividad de su mente, centrándola en la idea del relax y la calma. Tomará conciencia de su

aliento solo cuando nosotros se lo mencionemos, no se percatará del peso de sus manos
apoyadas sobre sus muslos hasta que nosotros
se lo hagamos notar.

Nuestro consciente capta únicamente lo nuevo,
y lo juzga inmediatamente. Si le parece inofen-
sivo lo olvida enseguida. Teniendo esto en
cuenta podemos lograr que el individuo vaya
"soltando" una por una las diferentes partes de
su cuerpo y se entregue a una sensación de
tranquilidad y sosiego.

3) Las emociones poseen una influencia esencial
sobre la conducta humana. Ornstein escribió:
"La emotividad es un mecanismo básico de la
mente, bastante más importante de lo que la
mayoría de nosotros desearía. Antes de que los
seres humanos existieran, existía ya la emotividad. Hay que aceptarla como una parte independiente de nuestra mente, puesto que posee una
cualidad automática que impide la intervención
de la voluntad. Somos prácticamente impotentes
frente a nuestros sentimientos de ira o de rechazo hacia otras personas. Nos ruborizamos irremi-
siblemente ante aquellos a quienes deseamos".

Aprender a dirigir conscientemente la emotividad propia y la ajena es una cualidad que
posee un valor incalculable. Rememoremos
algún momento feliz y exitoso de nuestra vida,
la intensa emoción que sentimos. Podemos
reencontrarnos con ese sentimiento cada vez
que lo deseemos, bastará con que conozcamos
y sepamos utilizar el "ancla" con que la experiencia fondeó en nuestra memoria. Supongamos que ese momento tan especial estuvo ligado a una melodía determinada, en tal caso será
suficiente con que volvamos a escucharla o a
cantarla para que nuestro cuerpo y nuestra
mente se vean invadidos por la misma sensación de bienestar y felicidad de entonces.

Tratemos de hacer ahora lo contrario de lo que, desafortunadamente, mucha gente hace cada día. Cualquier mínimo incidente suele bastar para reactivar una emoción negativa pasada. Nos acordamos de enfermedades, accidentes, humillaciones, fracasos, y volvemos a sentirnos mal. La idea consiste en que sustituyamos los temas negativos por otros más positivos y constructivos.

Quisiera finalmente mencionar un ejemplo, extremo por cierto, que demuestra que la personalidad humana está dividida efectivamente en numerosas partes. Las personas psíquicamente perturbadas sufren una escisión de la mente en varias subpersonalidades, posiblemente como consecuencia de vivencias infantiles. Estas subpersonalidades se manifiestan en el comportamiento del sujeto en función de cuál sea la cualidad dominante del momento. Pueden existir grandes diferencias de unas a otras y se expresan de una forma incontrolada.

Algo similar sucedía en el famoso cuento de Stevenson "Dr. Jekyl and Mr. Hyde". El bondadoso Dr. Jekyl, tras ingerir una droga, se convertía en el malvado Mr. Hyde, capaz de maltratar cruelmente a un niño.

A veces, en el transcurso de las terapias, se presentan casos de subpersonalidades múltiples, no necesariamente depravadas, desde luego. Los casos extremos, comparados con los estados normales, resultan excesivos. No hay que olvidarse de que también las personas mentalmente sanas contienen en sí mismas muchas partes distintas.

El conjunto de partes diferentes constituyen la personalidad. Conviene recordarlo siempre que queramos cambiar algo en nuestro interior o deseemos ayudar a otros a hacerlo. *La unidad, la integridad, solo se logra poniendo de acuerdo a todas las partes y subordinándolas a un objetivo común.*

Todo el mundo posee recursos

"Oh what a beautiful morning, oh what a beautiful day, I have a beautiful feeling, everything's going my way!". ("Oh, qué mañana tan bella, qué día tan hermoso, tengo la maravillosa sensación de que todo me saldrá bien")

Quizás no conozcas esta canción del musical "Oklahoma", pero seguramente conoces la sensación de que todo va sobre ruedas, de que todo sale tal como uno desea. Te hallas en un estado casi mágico, te sientes maravillosamente, la energía te desborda, consigues todo lo que te propones, como si fuese un juego. Para la mayoría de la gente esta clase de sensaciones es muy poco corriente, pero yo estoy persuadido de que son muy pocos los que no las han experimentado al menos una vez. Son momentos en los que disponemos de todos nuestros recursos, energías, capacidades, experiencias, etc. Todo el mundo posee recursos, pero muchos no son conscientes de su potencial y solo unos pocos lo aprovechan plenamente. Son aquellos que siempre tienen éxito.

No es que carezcamos de recursos, sino que a menudo se encuentran bloqueados, por ejemplo a causa de la imagen que nos hacemos de nosotros mismos, o por los sentimientos negativos dirigidos contra uno mismo. Quien sufre un bloqueo no puede darle salida a su potencial.

La inmensa mayoría de la humanidad solo aprovecha una parte mínima de sus recursos. No cabe duda de que, como máximo, utilizamos un diez por ciento de nuestra capacidad cerebral. Es decir, que el noventa por ciento restante permanece desusado. Lo mismo puede decirse de nuestras reservas energéticas, de las que podríamos disponer libremente si supiéramos cómo hacerlo. Nuestro ignorado potencial suele ponerse de manifiesto, sin embargo, en los momentos de mayor estrés.

El comisario general de la policía de Colonia, Alfred Hasemeier, escribió lo siguiente en un folleto de instrucciones sobre técnicas defensivas: "Cuando se trate de detener a un demente, habrá que tener en cuenta que a menudo son *cinco veces* más fuertes que un hombre normal. El agente deberá considerarlo como un enfermo y será necesario, para no tener que recurrir a las armas, que en la detención intervengan cinco funcionarios, provistos de una manta y de cuerdas resistentes".

No son solo los enfermos psíquicos quienes, rota toda sujeción, disponen de una inmensa fortaleza. Cualquier persona posee un insospechado potencial que puede llegar a manifestarse en situaciones límite. Debería ser posible aprovechar este caudal en la vida cotidiana, aunque está claro que nuestro nivel energético no puede ser siempre tan alto como en un caso extremo.

Es muy importante sacarle el máximo partido a nuestras reservas energéticas. Siempre que estemos tratando de cambiar algo, nuestra necesidad de recursos se acrecentará y el nivel será por lo tanto mayor que el habitual. Todo cambio supone un esfuerzo y la energía requerida tenemos que aportarla nosotros mismos. Para lograr algo, para cambiar algo en nuestro interior, debemos activar la energía, y si no disponemos de ella habremos de procurárnosla de alguna forma.

Estoy ante una persona sumida en una depresión profunda. La veo ahí sentada, cabizbaja, apática, apenas se mueve. Su postura expresa su abatimiento, su completa falta de energía. Su estado le impide reaccionar. No podrá superar su depresión mientras su nivel energético esté tan bajo. Así que lo primero que habrá que hacer será ayudarle a recobrar fuerzas mediante ciertos ejercicios respiratorios. Sus posibilidades de curación se incrementarán en la medida en que crezcan sus reservas energéticas y se tornará más receptivo a nuestras sugerencias.

El anterior es un ejemplo muy negativo. Los individuos sanos no siempre se sienten pletóricos de energía. A menudo solo disponemos de la energía justa para realizar nuestras tareas cotidianas, encarar exigencias especiales nos dejaría exhaustos.

Ya se trate de efectuar cambios en la estructura psicológica o de transformaciones personales, casi siempre es necesario buscar previamente nuevas fuentes de recursos. Es indispensable disponer de reservas que se recarguen constantemente, con objeto de poder emplear libremente la energía.

¿Cómo podemos descubrir esos recursos extraordinarios, convirtiéndolos en aprovechables? Antes de contestar a esta pregunta hay que tener claro que todo lo que hayamos experimentado hasta este instante nos ha dejado su impronta de alguna forma. Hemos ido almacenando recuerdos de lugares, de personas, etc, en nuestra memoria. Cualquier vivencia, positiva o negativa, ha dejado una profunda huella en nuestra personalidad. Estos recuerdos se hallan estrechamente ligados a determinados sentimientos, aunque no seamos conscientes de ello. Según sea el signo de las emociones que irrumpen en nuestra conciencia, nos sentiremos de un modo o de otro. Es posible también reactivar los sentimientos voluntariamente. Por supuesto que cuando estemos intentando aumentar nuestros recursos evocaremos solamente los emociones positivas.

Los niños apenas tienen recursos. Por esa razón frecuentemente no saben asimilar las experiencias difíciles. Por ejemplo, un niño pequeño que se halle hospitalizado, a las puertas de una operación, se verá expuesto a numerosas sensaciones angustiosas frente a las que se sentirá desamparado. Podrá ocurrirle lo mismo al adulto que tema las intervenciones quirúrgicas, pero su miedo no podrá compararse con el de un niño indefenso, inmerso súbitamente en un universo extraño y hostil. Los padres probablemente no estarán a su lado cuando más los necesite, solo verá al personal sanitario, a los médicos, aparatos impresionantes, luces cegadoras... y su miedo cobrará proporciones gigantescas.

Ese mismo niño, convertido ya en adulto, reaccionaría de un modo muy distinto ante la misma situación, dominándola con mayor facilidad. Los adultos, hombres y mujeres curtidos/as, aprenden muchas cosas a lo largo de su vida. Los problemas que se originan en la infancia serían menores si el niño pudiera disponer del potencial y la comprensión que caracterizan al adulto.

Las técnicas que voy a describir a continuación sirven para que podamos utilizar libremente nuestras reservas energéticas y nuestros recursos. Veamos algunos ejemplos.

Supongamos que un sujeto acaba de atravesar, o que está atravesando, una época conflictiva, pongamos por caso un proceso de separación o de divorcio. En tales situaciones, no hay nada que se desee más que un poco de paz interior, pero la persona hierve por dentro y cualquier palabra imprudente basta para que se sienta provocada y estalle. ¿Quién no conoce una situación así?, ¿cómo es posible tranquilizarse y relajarse en semejantes condiciones?, ¿cómo lograr un estado anímico distendido y pacífico?

Existe un método de visualización, empleado también en el entrenamiento autógeno, que resulta muy útil. De la misma manera que una palabra imprudente puede producir un estallido, una palabra positiva podría vincular al individuo con los recursos que necesita para llenar su mente de calma y seguridad, y donde he dicho una palabra podría haber dicho igualmente una imagen, una melodía, el recuerdo de una sensación, un perfume, etc.

A veces basta con pensar concentradamente en un lugar que sea para nosotros sinónimo de paz. Podría ser el lugar donde pasamos las últimas vacaciones, siempre que hayan sido agradables, un lugar de la infancia, o simplemente un sitio inventado. Una vez que nos hayamos trasladado a ese lugar con la fantasía, nuestro cuerpo se comportará como si estuviésemos allí realmente, nuestra mente se calmará y nos sentiremos invadidos por una sensación de paz. En los casos en que el individuo esté muy alterado, tendremos dificultades para asentar inmediatamente en nuestra mente la imagen positiva, o será necesario que alguien nos ayude. Convendrá buscar un buen terapeuta, alguien que conozca las técnicas apropiadas.

¿No tienes confianza en ti mismo?, ¿necesitas estar seguro de que sirves para un trabajo específico o de que vas a lograr lo que te propones? Busca en tu recuerdo. Seguramente hallarás algún momento en el que tuviste precisamente esa sensación que ahora quisieras revivir. Hiciste algo, creaste algo que te llenó de orgullo, te sentiste satisfecho de ti mismo. Si ahora te encontraras en una situación idéntica te autofelicitarías con una palmadita en el hombro. Si...

Pero ¿por qué no repetir de verdad? Lo que ocurrió entonces puede ser ahora el recurso que necesitas, una fuente de energía que puede estar a tu disposición siempre que tú lo desees. La técnica que se emplea para conseguirlo se denomina "anclaje".

No siempre es fácil encontrar el recuerdo justo. También existen personas firmemente convencidas de que nunca han tenido éxito. Esto puede deberse a que mucha gente suele exigirse demasiado. Buscando pacientemente, casi siempre deberíamos hallar momentos memorables.

En ciertos casos excepcionales puede ser necesario recurrir a la hipnosis para trasladar a la conciencia ciertos recuerdos inconscientes, y si aún esto no diera resultado, habría que recurrir a la fantasía para crear las imágenes necesarias.

¿Por qué nos gustan tanto los relatos de héroes, personalidades poderosas, personajes excepcionales? ¡Cómo envidiamos su capacidad, su coraje, su agudeza, su calma imperturbable...! Nosotros podemos lograr lo mismo. Examinando a las personas que destacan por su éxito, analizando sus conductas, su forma de actuar, de pensar, de sentir, e imitando lo observado, nos apropiaremos de sus recursos. Parece difícil de creer, pero es muy cierto que basarse en algún ejemplo con objeto de automodelarse puede dar resultado, pudiendo llegar a darse el caso de que el imitador disponga de los mismos recursos extraordinarios que el imitado. No necesitamos ningún líder que nos domine, será suficiente con que adoptemos las estrategias características de los grandes espíritus para aproximarnos un poco a ellos.

Los mejores recursos no sirven de nada si no los utilizamos. Esto es algo que solo uno mismo puede hacer. Dicho de otro modo, cualquiera que desee cambiar su personalidad o solucionar sus problemas deberá, en vez de esperar a que otro actúe por él, volverse activo y emplearse a fondo.

Los niños, cuando se hacen daño, suelen acudir junto a su madre en busca de ayuda y alivio. Entonces, la madre le sopla o lo acaricia en el lugar dolorido y sus cuitas desaparecen. El niño está convencido de que su madre puede curarlo y consolarlo y eso basta.

Muchos adultos se comportan como niños de corta edad. Acuden al médico con la esperanza de que unas píldoras o una inyección harán desaparecer todas sus molestias. Quizás el médico en un momento dado les diga: "debería usted dejar de fumar. Debería usted llevar una vida más saludable, moverse más. Debería..." Pero ¿qué hacen los pacientes? ¿escuchan lo que se les dice o más bien se conducen como si no supiesen lo que significa el término "paciente"? Esta palabra procede del latín *paticus* -padeciendo, sufriendo. En consecuencia, el paciente es alguien que padece, que sufre. Su actitud básica puede sintetizarse así: "yo pago mi cuota por un seguro médico y ese seguro le paga al médico para que me cure". Pero nadie puede curarse si no está dispuesto a ello y coopera con todas sus fuerzas para que suceda, asumiendo parte de responsabilidad.

Lo mismo puede aplicarse a la psicoterapia, aunque en este caso al paciente se le llame cliente. Los problemas psíquicos de un ser humano son algo estrictamente personal. Carece de sentido que el terapeuta le indique al cliente qué es lo que debe hacer, incluso en el caso de que lo sepa con exactitud. No debe hacer otra cosa que ayudarle, aconsejarle, prestarle su apoyo. El cambio debe realizarlo el individuo mismo. Si alguien desea constatar lo que acabo de decir, que intente modificar la conducta de otra persona. Convertir, por ejemplo, en ordenado a un sujeto desordenado. Será muy fácil comprobar que no se puede lograr nada, porque toda presión genera una reacción opuesta, una especie de contrapresión. El ser humano es así.

En mis seminarios sobre comunicación suelo pedir a los participantes que empujen su mano izquierda con la derecha (solo para diestros). Casi nadie lo logra. En el preciso momento en que una mano comienza a presionar, la otra presiona en sentido contrario, de un modo automático.

A muchas personas les encanta discurrir plácida y largamente sobre sus problemas. Hablar de ellos les produce la tranquilizadora sensación de que están haciendo algo por sí mismos, pero la realidad es que son muy escasos los problemas que pueden solucionarse con solo hablar de ellos. Lo único válido es actuar activamente, indagar en nuestra estructura interior, hallarse realmente dispuesto a transformarse y emplearse a fondo en ello. Podemos llevar la mula a la fuente, pero no podemos beber por ella.

Es posible cambiar rápidamente y sin esfuerzo

"Tómate todo el tiempo que necesites, trabaja despacio, así no te equivocarás". Esta idea procedente del saber popular nos acompaña desde la infancia y acaba por persuadirnos de que, empleando el tiempo suficiente en hacer las cosas, los resultados siempre serán buenos. Sin embargo, la dura realidad se encarga de demostrarnos que no siempre sucede así. Ya en el colegio pudimos constatar que los alumnos más concienzudos muchas veces obtenían calificaciones negativas, porque se les acababa el tiempo antes de completar los exámenes. De aquellos que trabajan a destajo, por otro lado, se espera que lo hagan rápido y bien. Aquel que trabaja con lentitud posee escasas perspectivas de ascenso, porque el tiempo es un factor económico.

En consecuencia, se nos exige constantemente que seamos rápidos y eficaces, en el trabajo, durante nuestros estudios y en otros muchos campos. No es extraño que la gente proyecte este afán de rapidez hacia otras esferas de la vida. Conducen a gran velocidad, incluso cuando no es necesario, recorren infinidad de lugares durante sus vacaciones, colman de actividades su tiempo libre... Pero en algún sitio sigue poseyendo vigencia la idea popular citada al principio de este epígrafe, y lo curioso es que esta idea se imponga precisamente en terrenos donde la rapidez sería factible y provechosa.

Examinemos el caso de un joven que no acaba de resolver sus problemas de dependencia psíquica con respecto a sus padres. No logra de ningún modo separarse de ellos, pese a que éstos verían con buenos ojos que se decidiese de una vez a llevar una vida independiente. El lo sabe y en su fuero interno, desearía abandonar el hogar paterno, pero una fuerza desconocida lo retiene: habitando en la casa de sus padres puede seguir sintiéndose niño, experimentar una maravillosa sensación de seguridad, de amparo. Cuando se le hace algún reproche reacciona con agresividad y se deprime. Si el nivel económico de los padres lo permite, nuestro protagonista acabará en la consulta del psicólogo, quien, gracias a su formación y probablemente también por razones veniales, opinará que los ajustes a realizar son tan importantes que deben hacerse de una manera progresiva. Dichos ajustes pueden resultar penosos. En cualquier caso, un proceso semejante requerirá mucho tiempo. Primero habrá que buscar las causas y solo más tarde se podrá realizar algún ensayo emancipador. En ocasiones el problema se soluciona sólo: los progenitores fallecen antes de que concluya la terapia, pero entonces los sentimientos de culpa subsisten.

Con lo anterior no pretendo decir que cualquier cambio o ajuste deba realizarse rápidamente. No cabe duda de que ciertos cambios requieren tiempo. Theodor Stahl escribió: "Trabajando con la PNL he comprendido, más que con cualquier otro tipo de terapia, lo importante que es no precipitar las cosas. Algunos ajustes no deben hacerse de un modo abrupto. Quizás yo haya llegado a esta conclusión precisamente por la celeridad con la que pueden producirse los cambios en el ámbito de la PNL. Aunque en ciertos casos sea posible realizar una especie de "curación milagrosa", por regla general conviene tomar determinadas precauciones, que pueden durar meses e incluso años, para que el individuo pueda adaptarse a su nueva forma de ser. Hay que emplear todo el tiempo que sea preciso, y no arriesgarnos a perder algo tan valioso como, por ejemplo, nuestras relaciones más significativas e importantes".

Pero existe todo un abanico de casos en los que los ajustes pueden efectuarse con suma prontitud. Nuestro cerebro no es nada lento, la capacidad humana de aprendizaje es impresionante. Justamente esta capacidad es la causa de muchos de nuestros problemas. Las fobias, los miedos irracionales, constituyen un ejemplo muy concreto. Veámoslo: Andrea, cuando solo tenía cinco años, se asustó enormemente al pisar una serpiente de forma involuntaria. La serpiente, que no era más que una inofensiva culebra, no le hizo ningún daño. Su madre, que la seguía, profirió un grito de horror, cogió un palo y, presa del pánico, golpeó al pobre animal. Esta reacción de la madre marcó de forma indeleble a la pequeña Andrea. Desde entonces, el miedo a las serpientes se convirtió en su compañero de viaje. Bastaba con que viese algún objeto cuya forma se pareciera a la de las serpientes para que huyera alocadamente.

Una sola experiencia había sido suficiente para aprender una lección negativa y adquirir, de modo definitivo, cierto comportamiento. Más tarde, cuando comprendió cual había sido la causa de su miedo, tampoco cambiaron sus reacciones. Era incapaz de controlarlas y pronto dejó de luchar contra ellas. Gracias a la PNL y al eficaz apoyo de su terapeuta pudo finalmente librarse de su fobia, y en tan poco tiempo como había tardado en adquirirla. De esto se deduce que el aprendizaje, si existe un estímulo intenso o una poderosa motivación, puede ser inmediato.

Es muy importante la manera en que se desarrolla el proceso de aprendizaje. El caso del desmemoriado que intenta memorizar vocablos confirma la tesis de que nuestro cerebro es lento y necesita numerosas repeticiones. El mismo individuo, no obstante, sería capaz de captar en segundos y de no olvidar jamás cualquier cosa que le interesara realmente.

Cualquiera que haya oído una conversación sobre ordenadores e informática entre jóvenes de ocho años sospechará que ha de existir un camino muy efectivo para el aprendizaje. Ese camino, por desgracia, no es muy conocido en las escuelas. Insisto: nuestro cerebro aprende con rapidez. Vale la pena reflexionar sobre las imprevisibles consecuencias de esta afirmación. Conociendo el método adecuado, se podría acelerar considerablemente cualquier proceso de aprendizaje.

Modificar una conducta también es un proceso de aprendizaje. Convencer a un cliente, por ejemplo, para que compre un producto determinado, también es un proceso de aprendizaje. La cuestión es la misma cuando se trata de cambiar la conducta de alguien que tiene problemas para relacionarse. Es importante saber que cualquier comportamiento puede modificarse rápidamente, pero aún lo es más conocer la forma de hacerlo.

Toda conducta tiene un sentido

"Toda conducta posee una función positiva en un contexto determinado". En cierta ocasión presenté esta frase como objeto de debate ante un grupo de estudiantes. Las objeciones llovieron inmediatamente. ¿Qué sentido puede tener fumar, beber alcohol, estar enfermo, sentir miedo?

Uno de los estudiantes quiso saber cual podía ser la utilidad de una de sus conductas. Relató que se hallaba preparando un examen y que estudiaba todo el día de un modo intenso y concentrado. Hubiese querido estudiar también por las noches, pero no podía evitar pasarlas ante el televisor, contemplando cualquier cosa que en realidad no le interesaba en absoluto.

Me regocijó observar la reacción espontánea de sus compañeros, que enseguida reconocieron el sentido de una conducta que aparentemente no lo tenía. Al interesado mismo le pareció extraño no haber reparado antes en las razones que se le ofrecieron: "tu cuerpo te indica que ya has trabajado suficiente. Estás agotado, sería erróneo continuar." Prácticamente no fue necesaria mi intervención. Había otros estudiantes a los que les sucedía lo mismo. Entre todos le ayudaron a definir una nueva conducta: le propusieron que planificara el día de otro modo, que realizara alguna actividad satisfactoria por la tarde, como dar un paseo, practicar algún deporte, etc. Debía ser una actividad capaz de renovar sus fuerzas y de transmitirle la suficiente energía como para retomar los libros a la mañana siguiente. Al principio dudó, pero más tarde aceptó la propuesta, dado que era perfectamente consciente de que su plan de trabajo era excesivo y muy poco realista.

Otro estudiante padecía un problema similar: durante las vacaciones no conseguía levantarse al oír el despertador; lo contrariaba perder unas horas; hubiese querido estudiar. El grupo volvió a detectar fácilmente cual era la utilidad oculta de su conducta: "continuar durmiendo significaba que aún estabas cansado. En caso de haberte levantado el cansancio te habría impedido estudiar. En lugar de enojarte deberías estar contento por haber dormido lo suficiente y sentirte pletórico por la mañana. Así, posteriormente, podrás estudiar más y mejor". Llegamos nuevamente a la conclusión de que lo idóneo sería sincronizar su ritmo de vida y sus planes.

Es fundamental entender que cualquier conducta posee una función positiva, y que puede reportar algún beneficio secundario en determinados contextos. Hay que entenderlo porque solo podremos transformar una conducta indeseable cuando hayamos distinguido claramente entre el comportamiento mismo y la intención original.

Lo que buscamos no es cambiar esa intención oculta, sino el comportamiento inapropiado. Quizás un comportamiento similar fue alguna vez la solución de un problema, pero ahora ya no sirve, resulta molesto o perjudicial, aunque sus motivaciones sigan siendo válidas.

Los intentos de transformación de un comportamiento no deseado están condenados al fracaso cuando no se tienen en cuenta sus beneficios derivados; no podemos abandonar sin más algo que es útil. La naturaleza humana se caracteriza por su resistencia al cambio. Esto puede verse ya en los niños, que muchas veces se abrazan a los juguetes para no desprenderse de ellos, o para que no se los arrebaten sus compañeros de juego. Sustituir una conducta por otra resulta aceptable si la nueva posee como mínimo idéntica utilidad que la anterior.

Veamos un ejemplo cotidiano que atañe a bastantes personas: el hábito de fumar. Todo el mundo está enterado de que fumar perjudica la salud. Sin embargo, son muchos los fumadores que no quieren o no pueden prescindir de su hábito. La causa no hay que buscarla solamente en la dependencia física, sino en el hecho de que la mayoría de los fumadores no puede abandonar su adición debido al beneficio oculto que les produce.

¿Qué le aporta el cigarrillo al fumador? ¿qué utilidad secundaria puede tener? Gabriele, una joven que solía consumir dos cajetillas diarias, contesta así: "fumar me produce una especie de nebulosa en la cabeza. Pese a todo, creo que me beneficia porque en cierta ocasión dejé de fumar y me dolía el estómago todos los días. Además, son muchas las situaciones en las que necesito fumar. Por ejemplo, jamás hago una llamada complicada sin encender antes un cigarrillo. Fumar crea intimidad, ambiente. Cuando estoy en casa, con mis amigos, solo me siento realmente a gusto fumando, como todo el mundo".

Parece claro que fumar, por muy doloso que resulte para los pulmones, posee una función positiva inequívoca. Quien desee dejar de fumar deberá aclarar previamente lo que realmente significa para él y qué clase de beneficios le aporta. De lo contrario, por muy fuerte que sea su determinación, no logrará su objetivo. Ni siquiera los métodos hipnóticos constituyen una solución, puesto que algún día alguien te ofrecerá un cigarrillo y tú, convencido de tener las cosas bajo control, aceptarás, y todo volverá a comenzar de nuevo.

Siendo consciente de lo que verdaderamente significa para uno el hecho de fumar, será posible buscar una conducta que aporte idéntico beneficio. La alternativa, desde luego, debería ser menos nociva, porque en caso contrario carecería de sentido tirar los cigarrillos. Atiborrarse de dulces, por ejemplo, no sería mejor.

La experiencia práctica enseñan que los comportamientos indeseables no pueden combatirse de un modo directo. Los intentos de forzar un cambio producen una reacción opuesta y anuladora. La forma más sencilla de llevarlo a cabo es, como ya se ha dicho, teniendo muy en cuenta la intención original de aquello que se pretende modificar.

Acuérdate siempre de descifrar esa razón de fondo. Reconozco que a veces es tan difícil que solo puede lograrse por medio de un trance hipnótico, pero no por eso deja de ser un trabajo indispensable, uno de los más importante requisitos previos que es preciso cumplir si se pretende modificar una conducta de manera permanente.

El objetivo debe definirse con absoluta precisión

¿Te sientes satisfecho con tu vida?, ¿desearías tener más éxito? o ¿mejorar tus relaciones con otras personas?, ¿eres terapeuta y estás ayudando a alguien a modificar su conducta?, ¿el comportamiento de algunos de tus alumnos trastorna el ritmo del conjunto de la clase?, ¿pretendes optimar el rendimiento de tus colaboradores?, ¿piensas que tu pareja debería cambiar de alguna manera para que vuestra vida en común siga teniendo sentido? (esto último no es nada realista, por supuesto, tu cónyuge podría exigirte igualmente que fueses tú el que cambiara). Sea como fuere, cuando alguien pretende cambiar su actitud ha de definir previamente el objetivo.

Por desgracia, la práctica nos dice que muy a menudo se incumple esta condición. La mayoría de la gente se siente descontenta consigo misma; los hay que desean cambiar, pero no saben cómo. Da la impresión de que estuvieran perdidos en un gran bosque durante la noche, buscando una salida, sin rumbo fijo, sin brújula, sin encontrar una orientación en las estrellas. Quizás, tras mucho vagar, hallen el límite del bosque, pero lo más probable es que den numerosos rodeos, para regresar al final al punto de partida. Los creyente rezan con el fin de que Dios les ayude, pero sufren una gran decepción cuando sus expectativas no se cumplen. No obstante, hay quien recibe la ayuda que solicita. ¿Por qué unos sí y otros no?

Todo consiste en definir bien el objetivo. Pensemos en un jefe que llega a la oficina, da un porrazo en la mesa y grita: "¡vaya chapuza, cuantos errores, esto tiene que cambiar inmediatamente!" ¿Cambiaría algo? desde luego que no. Tratar de cambiar sin definir el objetivo conduciría al caos. Solo conociendo con absoluta claridad nuestra meta, podremos saber, tú y yo, los alumnos, los colaboradores, etc, donde está el camino. Estoy persuadido de que Dios solo nos ayuda cuando sabemos exactamente lo que queremos. Constantemente vemos cómo se les presta ayuda a quienes han definido nítidamente su meta.

¿Cómo se puede lograr un objetivo si no se ha meditado sobre el sentido de la vida, sobre el punto al que se pretende llegar? Es como irse de viaje sin saber adonde.

La vida puede compararse a un seminario. De hecho, muchas personas se comportan como si estuvieran asistiendo a uno. Tratan de conseguir una butaca cómoda, desde donde divisarlo todo muy bien, buscan compañías agradables, etc. Todo esto está muy bien, pero lo realmente importante de un seminario es su contenido. Sucede lo mismo con la vida, lo esencial es conocer el tema y concentrarse en él.

El tiempo que se emplea en definir una meta vital no es tiempo malgastado. Cada cual, meditando sobre ello, podrá encontrar una respuesta. Un modo de hacerlo podría ser el que sigue: anota en una hoja de papel los diez temas de tu vida que te parezcan más importantes. A continuación, sepáralos claramente. ¿Cual es el que posee un mayor significado para ti?, ¿cual iría en segundo, en tercer lugar? Todo esto es una forma de dar el primer paso, también puedes hablar de ello con algún amigo o dar largos paseos solitarios.

Es fácil acercarse a la solución planteándose las cosas de esta manera: ¿cómo viviríamos si supiésemos que nos queda un solo año de vida?, ¿cambiaríamos por completo o seguiríamos como hasta ahora? Si te has inclinado espontáneamente por cambiarlo todo, pregúntate por qué no hacerlo ya, ahora mismo, nunca es posible saber si nos queda más de un año de vida.

Nuestra vida podría compararse con una carrera, ¿acaso sabemos en que tramo del circuito nos hallamos? ¿estamos a mitad de carrera, en una curva, en la recta final o en la recta inicial? Puede ocurrir que estemos llegando a la meta y en tal caso, ¿estamos preparados para ello? ¿ha tenido sentido nuestra vida hasta ahora? La única forma de darle sentido a nuestra vida consiste en vivir de acuerdo con nuestros objetivos. Esto es válido para todas las edades. Vivir huérfanos de una meta puede arrastrarnos a la enfermedad y en casos extremos incluso a la muerte. Un ejemplo lo constituyen los individuos deprimidos, que suelen ser incapaces de pensar en un tipo de vida diferente al que tienen. No conciben un objetivo tras el que pudieran lanzarse. El primer paso para curarlos será ayudarles a encontrar una meta provisional, un hito que les indique el rumbo a seguir, la mecánica del cambio.

No obstante, habría que decir algo sobre los argumentos contrarios a la fijación de un objetivo bien definido. ¿No estaremos restringiendo con ello nuestra libertad personal? Quienes piensen así están confundiendo la meta con el camino. La meta, para serlo realmente, debe ser única y estar absolutamente clara; las formas de alcanzarla, en cambio, pueden ser muchas, por lo tanto, si alguna resulta inviable, siempre existirá una alternativa.

Un objetivo puede dividirse en varias metas parciales; también cabe la posibilidad de que un individuo posea varios objetivos. Pero nadie logrará nada si, tratando de alcanzar varias metas simultáneamente, fragmenta sus energías. Lo mismo puede decirse del hecho de fijarse un nuevo objetivo antes de haber alcanzado el anterior.

Aquel que concentre toda su energía, enfocándola hacia un único fin, poseerá una gran eficacia. ¿De qué nos sirve disponer de las mejores herramientas si no las utilizamos apropiadamente? Con todo esto sucede lo mismo que con la tecnología punta. Solo tiene sentido emplear un rayo láser, esto es, un rayo de energía extremadamente concentrada, cuando el punto de impacto ha sido definido previamente con una precisión absoluta. Así, el haz energético actuará de una forma exacta y veloz. Nuestras herramientas mentales son similares, cuanto más adecuado sea el uso que hagamos de ellas, más eficientes resultarán.

Existe otra razón adicional para definir el objetivo con absoluta precisión: si no lo hiciéramos, ¿cómo sabríamos si lo hemos alcanzado o no? En la disciplina atlética conocida como salto de altura, el deportista logra su objetivo si el listón no se cae una vez efectuado el salto. Sin ese listón, sería imposible medir su rendimiento.

Quizás pienses que todo esto no tiene ninguna trascendencia, tal vez seas de los que creen que la meta es el camino mismo. Dicho con otras palabras: lo que cuenta no es alcanzar la meta o no alcanzarla, sino marchar en la buena dirección. Esto es verdadero y falso a la vez.

Estar en el camino significa avanzar. Si estuviésemos quietos no estaríamos recorriendo un camino, sino en un lugar. ¿Qué es lo que nos indica que estamos avanzando? En las marchas a pie, por ejemplo, nos lo indican los hitos, un gran árbol solitario, una iglesia, un puente, todo ello marcado probablemente en nuestro mapa. Gracias a todos estos indicios podemos saber que nuestra dirección es correcta, que estamos acercándonos a la meta. Saberlo es importante para nuestro consciente, porque nos suministra la motivación adecuada, el impulso para seguir adelante. Se trata del "feedback", de la respuesta que nos confirma que lo estamos haciendo bien. Ocurre algo parecido cuando se aprende otro idioma: por muchos vocablos que sepamos, nunca podremos estar seguro de haberlos aprendido de verdad si no los ponemos a prueba en la práctica.

El aprendizaje es un proceso de modificación de la conducta. El deseo de alcanzar el comportamiento-meta se ve reforzado cada vez que las señales nos indican que hemos dado un paso adelante. Este es el secreto del aprendizaje programado, que es un método de una gran eficacia en el que el individuo sabe, inmediatamente después de haber estudiado cualquier fracción del tema, si lo ha hecho bien o no.

El modo en que se define el objetivo también influye en que lo alcancemos o no. Existen ciertos *criterios definitorios del objetivo* que son insoslayables.

Primer punto: *solo se pueden establecer objetivos para uno mismo*. Pretender cambiar a nuestra pareja, por ejemplo, es ilusorio, no es posible cambiar a otra persona así como así. Tan solo un "mago", un "ser dotado de poderes sobrenaturales", podría conseguirlo. Lo que sí puede hacerse es ejercer un influjo indirecto, con el fin de que sean las personas mismas quienes pongan en marcha los cambios.

En definitiva, la meta puede formularse aproximadamente así: "deseo adquirir ciertas capacidades con las que me sería posible influir en otras personas. Dichas capacidades son...".

Insisto, solo se puede concretar la propia meta, nunca la de otras personas. Aquel que se trace un objetivo deberá asegurarse de ser capaz de alcanzarlo con sus propios medios. Esto descarta, naturalmente, metas como la de acertar en la lotería; no es posible manipular los números, salvo si se hacen trampas.

Nuestro objetivo debería ser lo más *concreto* posible y hallarse enfocado hacia una *situación específica*. Supongamos que deseamos llegar a expresarnos mejor. Esta no es una manera muy concreta de definir lo que se pretende ni se refiere a ninguna situación determinada. ¿Qué queremos exactamente, hablar bien ante un auditorio o ante cierta persona? La definición resultará inequívoca cuando hayas delimitado en tu mente la imagen de la situación.

El término "mejor" encierra una comparación, y conviene *prescindir de comparaciones* a la hora de definir un objetivo. ¿Qué significa expresarse mejor: hacerlo mejor de lo que lo hacemos ahora o hacerlo mejor que un amigo? Las comparaciones no añade ninguna precisión a las definiciones.

A mi juicio, el hábito de comparar continuamente es una actitud que empeora la vida de muchas personas de un modo innecesario. "Yo sufro más que los demás", "mi madre no me ama a mí tanto como a mi hermano/a". Seguramente se trata de afirmaciones sin fundamento, pero los individuos afectados creen firmemente en ellas y en el plano emocional pesan tanto como si fuesen hechos consumados.

En una ocasión acudió a mi consulta un estudiante de veinticuatro años que tartamudeaba constantemente. Hicimos una regresión, esto es, le hice revivir, en un estado de relajación profunda, determinados acontecimientos de su pasado. Cierta experiencia que tuvo lugar cuando mi cliente contaba seis años de edad pudo ser la causa, al menos parcial, de su defecto.

Sucedió durante su primer día de clase. Con la tradicional bolsa de golosinas bajo el brazo, se despidió de su madre para acudir al colegio. Esta, que se hallaba en el umbral de la puerta, no lo abrazó ni lo cogió de la mano, sino que, irguiéndose ante él, le dijo: "tienes que ser *mejor* que los demás", y eso fue todo. No hubo palabras afectuosas, ni sonrisas, solo la recomendación de que fuese mejor que los demás.

El niño se fue al colegio y se esforzó por cumplir el deseo de su madre, su subconsciente había registrado la expectativa y estaba dispuesto a satisfacerla por todos los medios a su alcance. Al cabo de un tiempo y por primera vez, tuvo que leer un párrafo en voz alta ante sus compañeros, y ocurrió lo que suele ocurrir cuando uno pone demasiado empeño en hacer algo bien: que el resultado no fue bueno. Se equivocó en una palabra, se embrolló y comenzó a tartamudear. Toda la clase estalló en carcajadas y, lo que fue aún peor, el maestro también se rió. Esta fue su primera herida. Posteriormente, el asunto fue empeorando a cada ocasión. El tartamudeo, que había surgido espontáneamente, se ancló firmemente en su personalidad.

Cuando lo vi por primera vez, no solo tartamudeaba sino que sentía además una poderosa presión interior que lo incitaba a trabajar duro. Sus calificaciones eran excelentes, de manera que no necesitaba estudiar tanto. Pero allí seguía estando esa necesidad de ser el mejor que su madre había grabado en su inconsciente. Trabajaba hasta el agotamiento y cuanto más cansado se encontraba, más se agravaba su tartamudeo.

De todo esto se desprende que es básico renunciar a las comparaciones cuando se establece un objetivo.

El segundo punto puede parecer extraño a primera vista: el objetivo ha de *implicar determinados sentidos*. ¿Qué tienen que ver los sentidos corporales con nuestras metas? Bastante, dado que los sentidos desempeñan una función decisiva en la comunicación. No solo son los canales por donde recibimos la información exterior, sino que además son muy importantes durante el proceso de asimilación interna de esa información.

Para involucrar a los sentidos en la formulación de un objetivo hay que plantearse la siguiente pregunta: ¿cómo sabré que he llegado a la meta?, ¿percibiré algo, veré algo? Quizás desfilen ciertas imágenes ante tu ojo interno, pero ¿cómo serán?, ¿qué colores tendrán?, ¿cual será su tamaño? También es posible que oigas algo. ¿Alguien pronunciará ciertas palabras?, ¿oirás una voz interior que te indicará que has alcanzado tu objetivo? Otra posibilidad es que experimentes una sensación corporal, como respirar relajadamente o notar una sensación de calor en el estómago. La señal podría ser incluso un olor o un sabor. Cualquier fenómeno de este tipo podría erigirse en indicador de que hemos conseguido lo que nos habíamos propuesto.

Todo esto es una locura, pensarás. Las visiones interiores, ¿no son acaso alucinaciones? Oír voces internas, sí, todo esto es muy propio de los manicomios. Pero esto no tiene ninguna relación con la locura, aunque lo parezca. Todos tenemos visiones más o menos nítidas con cierta frecuencia; todos hemos oído alguna vez voces internas, o experimentado sensaciones, incluso dolorosas, o sentido súbitamente un determinado olor, etc. Lo única diferencia radica en que unos lo admiten y lo hacen consciente y otros sencillamente lo ignoran, se niegan a reconocerlo o lo rechazan inmediatamente.

Incontables triunfadores han conseguido su aparente éxito despreciando por completo su vida interior, sofocando rigurosamente cualquier sentimiento o sensación que el intelecto no pueda controlar, pero siempre llega el día en que la presión interna se hace tan insoportable que sus emociones estallan y les producen un estado de desasosiego, de angustia, de desesperación, que puede llegar hasta el desmoronamiento físico o psíquico. Este problema, que es moneda corriente entre los ejecutivos que rondan la cincuentena, se suele describir con un eufemismo: la "midlife-crisis" (la crisis de la mitad de la vida).

El chequeo ecológico asegura el éxito

Rainer tenía cuarenta años y estaba hastiado de vivir solo. Fantaseaba con la idea de volver a casa de noche y encontrarse a su mujer, que lo estaría esperando con la cena preparada. Tras comer juntos se acomodarían ante la chimenea y leerían alguna cosa, escucharían buena música o conversarían un rato con una copa de vino en la mano...

No se había casado hasta ese momento porque ninguna de las mujeres que habían pasado por su vida le había parecido la idónea. Preso de algo semejante al pánico, dejó al margen cualquier precaución y contrajo matrimonio con una mujer doce años menor que él. Por supuesto, sucedió lo que tenía que suceder, que poco tiempo después la cena dejó de estar lista cuando él llegaba a casa. Su joven esposa, más que pasar la velada frente a la chimenea, deseaba gozar de la vida, salir con los amigos y divertirse...

Rainer había omitido algo importante, algo que debería ser bastante natural en la vida de cualquiera: comprobar que las drásticas transformaciones que iban a operarse en su existencia eran factibles, que resistían lo que denominamos un "chequeo ecológico".

Más que la lentitud o la rapidez con que se produzcan las transformaciones, lo que importa es meditar sobre sus consecuencias. El fin de una comprobación ecológica es sopesar si los cambios intencionados alterarán la armonía de nuestra vida futura.

Por desgracia, bastantes terapias tienen un efecto contrario. Recuerdo una mujer que, con la ayuda de su terapeuta, consiguió desinhibirse sexualmente. Para su marido esa liberación, en lugar de un motivo de alegría, fue un golpe. El nuevo comportamiento de su esposa era una amenaza para su virilidad. ¡Y pensar que había sido él mismo quien la envió a la consulta del terapeuta! Con esto no pretendo decir que, solo porque el marido no supiese adaptarse a la nueva situación, la mujer no debía haberse embarcado en una terapia, sino que lo necesario hubiera sido incluirlo a él también en ella.

Si deseas ayudar a un hijo inseguro y temeroso a recobrar la confianza en sí mismo, no dejes de hacerle patente también donde están sus límites. Hay que enseñarle a protegerse, porque de lo contrario pronto se hallará inerme ante los ataques de otros niños más fuertes. Una transformación solo tiene sentido cuando viene acompañada por la necesaria adaptación de las condiciones básicas.

Una gran parte de los problemas de la humanidad tienen su origen en que no sopesamos suficientemente las consecuencias de nuestros actos. Nuestra vida no es unidimensional, todas las esferas y funciones vitales están conectadas entre sí y sus interrelaciones son tan complejas que frecuentemente sobrepasan nuestra capacidad intelectual. Esto es válido tanto para los individuos como para los grupos, familias o estados. El deterioro del medio ambiente es un ejemplo de la imposibilidad de prever las consecuencias de nuestras decisiones, especialmente en política y economía.

El chequeo ecológico ha de proporcionar respuestas para estas tres preguntas: ¿qué efectos tendrán los cambios en mi vida?, ¿hasta qué punto estoy dispuesto a asumir sus consecuencias?, ¿es necesario modificar previamente ciertas condiciones básicas?

Hay que insistir, dado que las nuevas técnicas comunicativas cobran cada vez mayor importancia en el ámbito económico, en que la comprobación ecológica no es algo que le sirva únicamente a los individuos aislados. Cuántas veces no habrá ocurrido algo parecido a lo que sigue: los directivos de una empresa, siguiendo los consejos de una asesoría, reestructuran la organización interna sin informar en ningún momento a los trabajadores afectados. Estos, enojados por haber sido ignorados, rechazan la nueva organización y se producen múltiples fricciones que provocan una caída de su rendimiento. Los problemas habrían sido considerablemente menores si se hubiese realizado un chequeo ecológico previo. Por otro lado, debería ser natural que en las empresas reine un ambiente participativo, pero lo más frecuente es encontrarse con estructuras rigurosamente jerárquicas. Un cambio en este aspecto podría ser muy beneficioso para cualquier empresa.

Tender un puente hacia el futuro

Los mensajes publicitarios televisivos aclaran bastante el funcionamiento de la técnica que voy a describir en este epígrafe: se nos presenta un producto en todo su esplendor y con colores muy brillantes, se enfatizan las ventajas que supone su utilización y se nos repite varias veces el nombre de la marca. De esta manera, se echa una especie de ancla en la mente de muchos espectadores y clientes potenciales.

La publicidad procura "anclar" una determinada sugestión en el inconsciente del comprador, con la esperanza de que adquiera el producto cuando lo vea en la tienda. En los casos en que el anuncio es muy eficaz y el anclaje muy profundo, los clientes se precipitan a los comercios. Esto suele ocurrir, por ejemplo, con los anuncios de medicamentos de venta libre.

Lo mismo sucede cuando se menciona algún libro en un programa de televisión. Tras haber leído mi trabajo "Perdóneme por el desorden", el productor Udo Stöcker lo halló tan interesante que decidió organizar una tertulia en torno a él en uno de sus programas. Durante su transcurso se comentó el libro, lo cual constituyó un ancla para muchos espectadores. En los día posteriores a la emisión, muchas librerías solicitaron el texto. Cuando hayas leído estas líneas, también en ti se habrá formado un ancla y la próxima vez que acudas a una librería o veas el libro en un escaparate probablemente recuerdes estas líneas.

Tender puentes hacia el futuro es la única manera de garantizar que en un momento dado nos comportaremos de cierta forma. ¿De qué nos sirve que un terapeuta nos ayude, en teoría, a modificar nuestra conducta si al abandonar el despacho volvemos a comportarnos como antes? Una consulta es una especie de mundo aparte donde se producen muchas transformaciones que una vez enfrentadas a la realidad pueden resultar tan efímeras como pompas de jabón.

¡Cuanto trabajo valioso se ha perdido por no afianzarlo suficientemente! Citemos el ejemplo del maestro que sermonea a un alumno con la intención de que sus advertencias den algún fruto, pero este, apenas pierde de vista a su mentor, se olvida de todo. Aquí no se ha tendido ningún puente hacia el futuro.

Friedrich Schiller dijo que el tiempo "transcurre en tres planos: el futuro se acerca lentamente, el presente vuela como una saeta y el pasado permanece siempre quieto". Aquel que pretenda alcanzar sus objetivos deberá crear un vínculo entre el pasado y el futuro lo suficientemente fuerte como para que sea posible aplicar mañana lo que se aprende hoy, y que lo aprendido no resulte tan volátil como la trayectoria de una flecha.

Por lo tanto, es necesario, si se pretende que las modificaciones conductuales sean estables, dirigir nuestros esfuerzos también hacia el futuro. De lo contrario, les sucederá lo mismo que a los eternos buenos propósitos del último día del año, que nadas más comenzar el día siguiente caen en el olvido.

¿Cómo se tienden los puentes hacia el futuro? Ya he mencionado un modo: enlazar la nueva conducta o la nueva reacción con un determinado estímulo sensorial. Por supuesto que no sirve cualquier estímulo, habrá de ser alguno que forme parte de aquellas situaciones en las que sea necesario el nuevo comportamiento. El término "sensorial" significa que vemos, oímos, sentimos, olemos o degustamos algo, es decir, que percibimos algo mediante nuestros sentidos, con uno solo, con varios o con todos a la vez.

Frank sufría un complejo de inferioridad. Tras licenciarse en ciencias económicas, lo habían despedido dos veces. La causa de su fracaso estribaba en no haber medido su capacidad de una manera realista; se atrevía con cargos de una gran envergadura. Gracias a la excelente coyuntura laboral consiguió pronto un nuevo puesto. Pensaba que había dado en la diana, el trabajo le gustaba, se empleaba a fondo y se reconocía su eficacia. El único problema radicaba en su relación con el jefe. Una palabra crítica por parte de este bastaba para que se desmoronara; en cuestión de segundos, emergían los agrios recuerdos de sus pasadas experiencias, sus fracasos, su desesperación, su vergüenza.

Cierta expresión de la cara, cierto tono de voz, empleados por sus antiguos superiores cuando le señalaban sus errores, se habían convertido para él en un ancla negativo muy potente que continuaba surtiendo efecto en su actual puesto. Frank sabía que tenía que deshacerse de todo esto si deseaba conservar el trabajo.

Fue relativamente fácil transformar sus sentimientos negativos en positivos y fortalecer su autoconfianza. Lo esencial, sin embargo, era que esa autoconfianza no se quebrara, que continuara teniendo vigencia en el futuro y sobre todo, cuando se hallara en presencia de su nuevo jefe. El estímulo sensorial asociado con la nueva conducta podría ser la visión del jefe, o el timbre de su voz.

Una vez que anclada la nueva conducta en su mente, Frank cambió su reacción al entrar en contacto con su jefe: se enderezaba inmediatamente, erguía la cabeza, lo miraba directamente a los ojos, hablaba con voz firme, se movía espontáneamente y sobre todo, se sentía interiormente seguro.

Tender puentes hacia el futuro es una técnica muy corriente en la hipnosis. Las denominadas sugestiones post-hipnóticas son prácticamente lo mismo. Hallándose en trance, el individuo recibe una sugestión y, una vez despierto y tras percibir el estímulo programado, esta se hace efectiva de un modo automático.

La sugestión podría ser esta: "al despertar se sentirá Vd. muy bien y habrá olvidado todo lo que le estoy diciendo ahora. En cuanto vea la ventana, se dirigirá hacia ella para abrirla". Una vez despierto, el sujeto hará exactamente lo que se le ha indicado, sin saber por qué. Si entonces le pedimos que nos explique qué razones tiene para abrir la ventana posiblemente nos ofrezca un argumento lógico y racional, acorde con su forma de ser y de pensar, quizás diga que hace mucho calor en la habitación. Esto se llama *racionalización secundaria*. Empleamos esta clase de razonamiento muchas veces cuando tras haber tomado una decisión, se nos pide que nos justifiquemos y nos negamos a admitir que en realidad fue nuestro inconsciente el que, en función de algún estímulo anclado, decidió por nosotros. ¡Es tan importante en nuestra sociedad que el responsable de cualquier decisión sea el intelecto!

Cotidianamente somos objeto de manipulaciones muy parecidas a órdenes post-hipnóticas. Recibimos y anclamos, inconscientemente, un gran número de sugestiones -los mensajes publicitarios, por ejemplo- que más tarde orientan nuestro comportamiento.

Nadie puede librarse enteramente de esta clase de manipulaciones, pero cuanto más sepamos sobre el asunto tanto más podremos eludirlas. En un capítulo posterior describiré cómo se ancla algo conscientemente.

Capítulo III

Informarse acerca de otros

Percibir con exactitud equivale a adivinar

En el prólogo de su libro Patterns of the Hypnotic Techniques, Milton H. Erickson narra un episodio muy interesante. Cuenta como a raíz de una poliomielitis que padeció en 1919 tuvo que permanecer postrado en el lecho durante varios meses. Unicamente sus sentidos y su intelecto se libraron de la parálisis. Aburrido, incapacitado para hacer cualquier otra cosa que no fuese observar y escuchar, se dedicó a analizar a sus semejantes, principalmente a sus padres, a sus ocho hermanos, a la enfermera y al médico.

Los contraste que advertía entre los lenguajes corporal y verbal de quienes lo rodeaban le causaron un gran asombro. Fue sintiéndose cada vez más fascinado por sus observaciones y, progresivamente, pudo detectar una gran cantidad de matices: tonalidades, compases lingüísticos, contradicciones, omisiones, distorsiones, enfatizaciones, ambigüedades. Cayó en la cuenta de que, aparte del plano consciente, existen otros planos de percepción, por ejemplo el que se conoce popularmente como instintivo o intuitivo. Aquella experiencia fue la base de sus posteriores logros como terapeuta hipnótico.

Toda comunicación que pretenda ser eficaz ha de basarse en ciertas informaciones previas. Es irrelevante que hablemos con un solo individuo o que lo hagamos ante un gran auditorio, que nuestro objetivo sea influir en otros o que deseemos transformarnos a nosotros mismos: el primer paso consistirá siempre en filtrar las informaciones que recibimos, quedándonos con lo esencial, con aquello que caracterice al receptor o a uno mismo, según sea el caso.

Además de observar, hay que prestar atención a lo que se nos dice, fijarse en cualquier minucia, que nada escape a nuestra experta mirada. Cerrar los ojos, como hacen algunos terapeutas, es un error, salvo que poseamos el don de la percepción extrasensorial, lo cual no es en absoluto necesario, porque con el paso del tiempo desarrollaremos una capacidad perceptiva tan aguda que los demás podrán llegar a pensar que somos clarividentes.

No son tan importantes las informaciones como el proceso en sí. Dicho con sencillez: lo importante no es lo que se dice, sino cómo se dice. Prestar atención únicamente a los contenidos de las informaciones es arriesgarse a contaminarlas con nuestros propios esquemas y valores. Frecuentemente los relatos que oímos se hallan muy alejados de la realidad, o reflejan más bien una realidad subjetiva. Así que para comprender a un ser humano habría que poner la atención en la manera en que nos transmite su experiencia.

En el terreno lingüístico, sabemos que los acontecimientos se narran principalmente mediante los adjetivos, los verbos y los adverbios, pero reparemos también en los gestos, en las expresiones. El cuerpo y el rostro nos suministran muchos indicios referentes a lo que verdaderamente está ocurriendo en el interior de una persona. Seguramente nos sorprenderemos ante la cantidad de cosas que pueden descubrirse observando atentamente a nuestros interlocutores.

¿Cómo respiran, con tranquilidad o con precipitación?, ¿pausada o rápidamente?, ¿profunda o superficialmente?, ¿practican la respiración abdominal o lo hacen solamente con los pulmones? Examina la postura de sus cuerpos, de sus cabezas. ¿Realizan repetidamente algún movimiento involuntario, es decir, algún movimiento ideomotor, tal como balancear un pie o frotarse las manos?, ¿tienen algún tic nervioso en el rostro? Observa si existe alguna tensión en sus caras o en su nucas. ¿Cómo es su mirada?, ¿tiene los ojos húmedos o secos?, ¿se produce alguna variación en el tamaño de sus pupilas? ¿Su voz es clara o ronca, aguda o grave, vigorosa o apagada? También pueden registrarse variaciones en el color del cutis o en el tamaño de los labios. Pueden producirse sudores repentinos... Aunque muchos de estos fenómenos puedan ser tan leves que apenas resulten perceptibles, su mera existencia es muy reveladora en sí misma.

Son igualmente notables las incongruencias. Alguien te dice con un hilo de voz: "estoy muy bien", pero tú estás viendo que no lo está, que tiene los hombros caídos, que casi se desploma. Lo que se dice y lo que se contempla no concuerda, es una incongruencia.

Pero no basta con registrar estas peculiaridades, también hay que memorizarlas, con idea de reconocerlas cuando vuelvan a manifestarse o varíen de algún modo. A esta acción consistente en percibir de una forma precisa la denominamos *sintonización* (adaptarse a la frecuencia del otro).

En resumen, el desarrollo de la percepción está en la base de una comunicación eficaz, y me refiero a una percepción global, que implique todos los sentidos: la vista, el oído, el tacto, el gusto y el olfato.

En muchas ocasiones es más importante saber escuchar que saber expresarse correctamente. Los buenos vendedores, además de hablar, escuchan con mucha atención, se esfuerzan por descubrir qué es lo que busca el cliente. El buen profesor no se embarca en largos monólogos, sino que busca todo aquello que motive a sus alumnos y suscite su interés. Un buen directivo analiza las reacciones de sus colaboradores, registra cualquier señal que indique que ha sido comprendido.

La fisiología es un reflejo del estado de ánimo

Hay un interesante ejercicio de sintonización que pone de relieve las interrelaciones que existen entre las vivencias interiores de un individuo y su "fisiología". Seguramente, al observar el desarrollo de un ejercicio de esta clase, el lector se sentirá asombrado por el gran número de informaciones que pueden obtenerse a partir de las propias percepciones.

El diccionario define "fisiología" como la ciencia que estudia los procesos vitales de los seres orgánicos en general y el funcionamiento del organismo humano en particular. Nosotros, en cambio, empleamos el término "fisiología" para aludir al estado de un individuo, al estado con el que nos sintonizamos, a la impresión que recibimos de alguien, al conjunto de sus diversas características e incongruencias.

El siguiente es un ejercicio de sintonización llevado a cabo durante uno de mis seminarios:

Sabine era una joven maestra que se ofreció voluntaria para realizar un típico ejercicio de "clarividencia". Yo la interrogaba y los demás participantes debían observarla atentamente, registrar todos los matices y memorizarlos para poder reconocerlos más tarde. O sea, que debían sintonizarse con el aspecto de Sabine, con su timbre vocal, su forma de respirar, sus cambios de postura, sus gestos, etc.

"Sabine, piensa en alguien a quien conozcas bastante y que te caiga bien, alguien con quien te guste o te haya gustado estar en algún momento, alguien a quien quizás hayas amado o sencillamente, que te transmita una sensación de bienestar. ¿Habéis experimentado juntos alguna experiencia positiva y hermosa? ¿sí...? recréala en tu mente. Piensa ahora en alguna situación que sea característica de vuestra relación. Cierra los ojos si lo deseas, pero no es necesario...".

Sabine optó por cerrar los ojos. Yo trataba de apoyarla mencionando los canales sensoriales sucesivamente: "ahora estás junto a esa persona. ¿Qué ves?, ¿qué impresiones recibes?, ¿la imagen es nítida o borrosa?, ¿oyes algo?, ¿sonidos, voces, música?, ¿tienes alguna sensación corporal especial?, ¿notas algún olor, algún sabor? Vívelo todo con intensidad, despacio, y en el momento en que creas que la imagen ya no puede intensificarse más, recupera la consciencia.

Noté que, al abrir los ojos, Sabine todavía se encontraba bajo los efectos de un trance hipnótico leve. Hice algunos comentarios intrascendentes sobre el tiempo con el fin de interrumpir ese proceso interior en el que aún se hallaba inmersa. Transcurrido algún tiempo y habiéndose normalizado la situación, continué: "tenemos que darle un nombre a la persona y a la situación que has creado. Te propongo que lo denominemos X, simplemente".

Piensa ahora en otra persona, alguien que te caiga mal, alguien con quien no desees tropezarte y cuya mera presencia te produzca malestar. Imagínate que te hallas junto a él o ella. Permanece atenta. ¿Surge alguna imagen?, ¿oyes algo?, ¿qué sientes?, ¿qué sensaciones corporales experimentas?, ¿algún olor?, ¿algún sabor? Regresa cuando hayas experimentado lo suficiente.

"A este individuo lo denominaremos Y". Sabine abrió los ojos y volví a sacarla de su ligero trance entablando una conversación acerca del problema del aparcamiento en el centro de la ciudad. La mayoría de los asistentes, desde luego, había sufrido alguna vez ese problema.

Me dirigí a los observadores: "ahora le plantearé a Sabine ciertas preguntas. En cuanto a vosotros, si os habéis sintonizado bien con sus patrones, identificaréis rápidamente el estado en que se encuentra gracias a su fisiología. Deberíais adivinar en cual de las dos personas que hemos descrito está pensando Sabine. Tomad buena nota de sus reacciones ante las preguntas".

Mi primera pregunta, Sabine, "¿quien tiene más edad, X o Y?" Dejé transcurrir un poco de tiempo, para que pudiera reflexionar, y proseguí: "¿cual de los dos tiene el pelo más claro?" Nuevamente dejé pasar el tiempo. "¿cuál de ellos gana más dinero?" Finalmente, pregunté: "¿cuál posee la vivienda más grande?".

El rostro de Sabine, cuya gestualidad era muy expresiva, reflejaba al instante la vivencia interior. Al concluir, tras ayudarle una vez más a salir del trance, procuré que se sintiera a gusto. Entonces interrogué a los espectadores: "¿quien es mayor?" Casi todos se inclinaron por X y Sabine lo confirmó. "¿Cual tiene el pelo más claro?". Esta vez se trataba de Y, tal como la mayoría había sugerido. "¿Quien gana más dinero?" No había duda: Y, el más desagradable, con lo que se constataba una vez más el tópico de que los sujetos adinerados son más antipáticos. "¿Quien dispone de una vivienda mayor?" Nuevamente Y.

En una discusión posterior repasamos las características registradas por los observadores. Al pensar en X la respiración de Sabine, que se había reclinado algo en la silla y mantuvo los labios entreabiertos, era tranquila y relajada. Fue notable el hecho de que, con su mano derecha, se acariciara constantemente el dorso de su mano izquierda, con un movimiento suave que resultaba íntimo y tierno.

En cambio, cuando pensaba en Y su respiración se hacía más rápida e inquieta, apretaba los labios y se inclinaba hacia adelante, tensando el cuerpo y contrayendo las manos.

Nos hemos referido únicamente de los aspectos visuales de la sintonización. Podríamos concentrarnos también en la vertiente auditiva, esto es, la entonación, el ritmo y el volumen de la voz. En ese caso, sería esperable que Sabine repitiera una misma frase o expresión cada vez que pensara en uno de los dos personajes. Los espectadores la habrían escuchado con los ojos cerrados.

Otras posibilidad es sintonizarse mediante el tacto. Uno o dos participantes habrían palpado a Sabine para comprobar si se producían tensiones musculares, si se alteraba el ritmo respiratorio, etc.

El ejercicio de "clarividencia" es un excelente juego de salón. Pruébalo, pero te aconsejo que antes de nada verifiques si todo el mundo está de acuerdo con la idea.

La fisiología es un baremo, un espejo que refleja con bastante exactitud los cambios personales. Es necesario, dado que no podemos fiarnos de lo que se nos dice, disponer de un instrumento que calibre el estado de los individuos. Recuerda que antes de efectuar cualquier transformación hay que definir la meta perseguida. El estado en que se halla un individuo cuando ha logrado su objetivo se denomina *fisiología-meta*. Se trata de un estado satisfactorio, con una respiración calmada, postura simétrica y movimientos armónicos. Existe otra fisiología muy similar, la *fisiología de recursos*, que nos señala que el sujeto dispone de suficientes recursos para alcanzar el estado meta.

La *fisiología conflictiva* expresa todo lo contrario. Al relatar sus problemas, la fisiología de los individuos proporciona un cuadro de su estado interno, sobre todo si en la revisión ha intervenido la fantasía. A menudo la respiración es irregular, los músculos faciales se desencajan, las posturas corporales parecen forzadas, rígidas, asimétricas, los movimientos son nerviosos, entrecortados o incluso totalmente incontrolados. Cuanto más profunda sea la inmersión imaginativa, más acusado será el reflejo fisiológico.

Algunas personas sienten la necesidad de contar exhaustivamente sus preocupaciones, temores, problemas y enfermedades. Abrigan quizás la esperanza de liberarse a través de las palabras, de que se produzca una especie de catarsis. Pero por desgracia, la realidad no es como el cuento del enano saltarín, donde bastaba con llamar al personaje por su nombre para que se quebrara el hechizo. La ininterrumpida y conflictiva impresión fisiológica que desprenden quienes refieren sus problemas nos confirma en la idea de que el mero hecho de hablar no garantiza su disolución.

Los cambios se notan a través de la *fisiología de la reconciliación*. Cuando alguien resuelve un conflicto, se reconcilia consigo mismo, aceptándose tal cual es, descubre los motivos que se ocultaban detrás de un comportamiento problemático o halla un sendero que le permita seguir avanzando hacia la meta y se produce un súbito cambio fisiológico que a veces resulta muy intenso. Puede producirse una mejora de la circulación sanguínea, o una relajación de la respiración, o puede que el individuo se incorpore de pronto y sonría. En el caso ideal, la fisiología de la reconciliación es idéntica a la fisiología-meta.

A veces, los procesos de modificación de la conducta exigen que se logre algún tipo de compromiso. Hay casos en los que, pese a haber conseguido un resultado más o menos satisfactorio, no se alcanza completamente el objetivo establecido. Esto se expresa mediante la *fisiología mixta*.

La fisiología es como la aguja de un instrumento. Observando atentamente podemos controlar en cada momento la eficacia de nuestras intervenciones. Pero en cualquier caso, la evaluación del estado en que se hallan los individuos no es más que el primer paso para establecer una comunicación de calidad. Hay que hacerse un cuadro correcto del modo en que perciben el mundo. Ese es el tema del próximo capítulo.

Una vez que conozcamos las estrategias conductuales de nuestros interlocutores, nos resultará más sencillo adaptarnos a ellos, "hablar su mismo lenguaje", darles justamente lo que necesitan y evitar malentendidos. Podremos incentivarlos para que se transformen de una manera positiva y desarrollen nuevos potenciales, para que alcancen sus metas, superen sus problemas psicológicos -temores, fobias, manías-, disuelvan sus bloqueos y se conviertan en individuos más eficaces, más felices y más sanos. Además, el conocimiento de tales estrategias nos ayudará a conocernos mejor a nosotros mismos y constituirá un excelente punto de partida para modificar nuestras conductas.

¿Suena todo esto demasiado fantástico? Lo mejor que puedes hacer es constatarlo por ti mismo.

Sistemas de percepción y señales de acceso

En el ejercicio de "clarividencia", Sabine tenía que pensar, en primer lugar, en alguien que le cayese bien y más tarde en alguien que le resultara desagradable. Yo le ayudaba procurando que su atención se concentrara sucesivamente en los distintos canales sensoriales: ¿qué ves... oyes algo... qué sensaciones corporales experimentas... hueles algo... notas algún sabor?

Los canales sensoriales no solo son importantes en relación con la percepción externa. Contemplo un árbol, oigo el rumor de las ramas, siento sus hojas en la palma de la mano, esto es algo que todo el mundo puede experimentar. Pero también existe la posibilidad de imaginarme el árbol, de contemplarlo con mis ojos internos. En ocasiones lo veo incluso en color y distingo todos sus matices a pesar de haber cerrado los ojos; escucho el rumor del viento en las hojas aunque no haya árboles cerca; percibo la hoja en la palma de mi mano como si realmente hubiera una. Los canales sensoriales son tan importantes para la percepción interna como para la externa.

El conjunto de nuestros sistemas perceptivos podría denominarse VAKO, que es una sigla compuesta por las iniciales de los cinco sentidos que nos sirven para captar el mundo interior y exterior. La V se refiere a la vista -visual-, la A al oído -auditivo-, la K a las sensaciones corporales -kinestésico- y la O al olfato -olfativo- y al paladar. Las dos últimas categorías se unen con objeto de simplificar. Para mayor claridad, helo aquí de nuevo de una manera esquemática:

V = visual/ver
A = auditivo/oír
K = kinestésico/sensitivo
O = olfativo y gustativo/oler y paladear

Los seres humanos seleccionamos, entre las muchas informaciones que se nos ofrecen, aquellas que tienen trascendencia y significado para nosotros. ¿Recuerdas la última vez que conociste a alguien? ¿qué fue lo que viste primero, sus facciones, su cuerpo, sus piernas o sus brazos? No todo el mundo repara en lo mismo. Nuestra atención es bastante subjetiva.

Lo mismo ocurre con el oído, el tacto, el olfato y el gusto. Quienes consumen ajos a diario no son capaces de detectar el olor en los demás.

Lo dicho es válido sin excepciones. Solo registramos una porción mínima de cuanto nos ofrece el mundo, y ni siquiera la información seleccionada es percibida con todos los sentidos. Empleamos preferentemente un canal sensorial específico, a veces dos.

Utilizar con preferencia un canal no significa que los restantes no existan o que no se usen. Por descontado que se emplean, pero de un modo menos consciente. Naturalmente, hay situaciones en las que el empleo de ciertos canales carecería de sentido. Analiza cuál sería tu comportamiento en una habitación oscura. Al principio te esforzarías por vislumbrar algo, más tarde tus ojos se resentirían y comenzarías a prestarle atención a los sonidos y a los olores, pero sobre todo, te orientarías a través del tacto.

El cerebro almacena todo lo que capta mediante los cinco sentidos: imágenes, voces, sensaciones, olores, pero cuidado, el verbo almacenar puede dar lugar a confusión. En un almacén de trigo, por ejemplo, lo que se guarda es el trigo real, recién cosechado, pero con el cerebro no sucede lo mismo, porque lo que captamos no es el mundo real sino una especie de representación, un mapa. El almacenamiento y asimilación de tales mapas pueden realizarse con el mismo sistema perceptivo con el que fueron registrados. Supongamos que acabamos de contemplar algo, probablemente almacenaremos esa percepción en forma de imagen. También puede suceder que captemos algo a través de un canal y almacenemos la información con otro distinto. Eso es lo que les ocurre a las personas que se desmayan a la vista de la sangre. Si almacenaran lo que ven como una imagen, sencillamente dejarían de marearse.

Tras oír un chirrido de neumáticos, seguido del característico estruendo de una colisión, brotará en nuestra mente la imagen de dos automóviles destrozados y si tuviésemos que contárselo a alguien probablemente emplearíamos palabras pertenecientes al sistema perceptivo visual: "imagínate lo que habrá pasado ahí fuera. ¡Debe ser un cuadro horrible!".

El término con que se designan estas conexiones sensoriales en forma de cruz que se producen en el plano neurológico es el de sinestesia. La medicina lo define como la coexcitación recibida por un órgano sensorial en el momento en que otro distinto es excitado, por ejemplo la percepción de un color a raíz de un estímulo acústico. En el campo lingüístico la sinestesia es una expresión donde se funden diferentes impresiones sensoriales, como la siguiente: "era de color verde chillón".

Nuestras estrategias vitales están marcadas por el modo en que procesamos la experiencia, por la forma en que registramos, asimilamos, almacenamos y reactivamos nuestras vivencias. Si deseáramos descubrir las estrategias que caracterizan el comportamiento de un individuo, tendríamos que averiguar de qué manera está constituido su "mapa" del mundo.

La tarea no es tan complicada como podría parecer a primera vista. Por ejemplo, la misma frase "como podría parecer a primera vista" indica que en el momento de formularla yo he optado por el sistema visual. Podría haber dicho: "en principio, la tarea no es tan complicada como suena", con lo que me habría decantado por el sistema auditivo. Los seres humanos, a través del lenguaje, señalamos los canales sensoriales que preferimos. Al seleccionar los vocablos designamos cuales son nuestras vivencias y en qué solemos fijar nuestra atención. Escogemos aquellas expresiones que se adaptan mejor a nuestra experiencia; unos prefieren la vista, otros el oído o el tacto, e incluso, aunque sean los menos, hay quienes prefieren el olfato y el gusto.

Los predicados, esto es los verbos, los adjetivos y los adverbios de las frases, describen ciertos procesos, muestran cual es el órgano sensorial preferido por el emisor en un momento dado. He aquí una lista de ejemplos:

Visual

Ver, prever, dejar entrever, no ver más allá de nuestras narices, ya veo, imprevisible, evidente, aviso, revisar, echar un vistazo, a primera vista, punto de vista, hacer la vista gorda, vistoso, providencia, visión, mirar, admirar, mirar algo con lupa, claro, más claro que el agua, aclarar, esclarecer, brillar por su ausencia, lumbrera, vislumbrar, luminoso, tener pocas luces, a todas luces, sacar a la luz, lucirse, dilucidar, no es oro todo lo que reluce, marcarse un farol, encandilar, vigilar con cien ojos, enfoque, tener buena pinta, no poder ver a alguien ni en pintura, aquí no pintas nada, aspecto, perspectiva, inspección, oscuro, coloreado, imaginar, yo lo veo de este modo, etc.

Auditivo

Oír, escuchar, sonar bien, ruidoso, silencioso, decir, preguntar, entender, llamar, dar voces, pedir algo a gritos, llevar la voz cantante, hablarle al viento, oír rumores, oír campanas, ¿a son de qué?, altisonante, al unísono, esto me suena, sin ton ni son, armónico, armonizar, anunciar, sermonear, como quien oye llover, aullar como los lobos, hacerse el sordo, soy todo oídos, el último grito, etc.

Kinestésico

Sentir, notar, percibir, tocar, palpar, comprender, manejar, tratar, coger, moverse, ejecutar, introducir, caber, lleno, redondo, vacío, sólido, liso, áspero, caliente, frío, violento, suave, duro, cansarse, sacarse algo de la manga, tener los dos pies en el suelo, coger el toro por los cuernos, abrigar una esperanza, dejar huella, echarle una mano a alguien, clavar la vista, devorar con los ojos, quitarse una idea de la cabeza, se me pone el pelo de punta, no tragar a una persona, en un abrir y cerrar de ojos, saber dónde le aprieta a uno el zapato, está que muerde, morder el polvo, hacer de tripas corazón, tener el corazón en la mano, hincarle el diente a algo, nadar contra corriente, entrar en calor, etc.

Olfativo/gustativo

Oler, aroma, esto me huele mal, me huelo que, apestoso, maloliente, perfumado, me da en la nariz que, estar hasta las narices, meter las narices en algo, tener un buen olfato, jugoso, seco, suave, delicioso, agrio, ácido, dulce, rico, soso, fresco, sabroso, dorar la píldora, tener un carácter amargo, derramársele a uno la sal, dárselas con queso, tomar la sopa boba, etc.

Esta lista nos confirma que analizando el lenguaje es posible conocer cuáles son los sentidos predilectos de un sujeto a la hora de registrar informaciones externas y de asimilarlas internamente, ya sea bajo la forma de imágenes, sonidos, ruidos y ocasionalmente, olores o sabores.

La pregunta que se plantea ahora es ¿cómo se reactivan estas informaciones, cómo se vuelven conscientes?, ¿cómo acordarse de un episodio pasado?, ¿cómo imaginar una situación futura? ¿Piensas en imágenes, en palabras o sientes algo físico?

Sorprende el gran número de señales no verbales que se pueden detectar cuando se habla con alguien que está pensando en algo que le afecta emocionalmente: un cambio en su posición, en su timbre vocal, en su respiración, un movimiento constante de sus ojos, que pueden mirar alternativamente hacia arriba y hacia abajo, hacia la derecha y hacia la izquierda, etc. Estas indicaciones no verbales reciben la denominación de *señales de acceso*, por revelar la forma en que la gente, en un momento dado, accede a aquello que la mueve interiormente.

Las primeras señales, aquellas que nos sirven para reconocer cual es el canal preferido, se convierten en una especie de sistema-guía.

Las señales de acceso más importantes son las que emiten los ojos. ¿Nunca te has fijado en los ojos de un orador? En caso afirmativo, ¿su movimiento era sistemático o aleatorio? En los cursos de retórica se constata a menudo el hecho de que ciertos personas, al reflexionar, posan su mirada sobre algún punto situado en el ángulo superior izquierdo. Casi nadie conoce los motivos, aunque son bien sencillos: es una manera visual de reactivar los recuerdos.

Lo que sigue se refiere a las personas diestras (los zurdos tendrán que interpretarlo al contrario): permanecer absorto, con la mirada perdida en el vacío y las pupilas agrandadas, significa que uno se repliega hacia dentro, en un estado como de hipnosis leve. La mirada dirigida hacia el ángulo superior izquierdo revela que estamos reviviendo algún episodio del pasado. El ángulo superior derecho nos dice que estamos construyendo algo, anticipando un acontecimiento futuro. Mirar hacia un lado, sea el izquierdo o el derecho, significa que se escuchan voces internas. El ángulo inferior izquierdo indica que estamos inmersos en un monólogo y el ángulo inferior derecho, que se está experimentando una sensación física.

Debo advertir que estas reglas no son universalmente válidas. Hay quienes rememoran el pasado mirando hacia la parte superior derecha en lugar de hacia la izquierda. Estas reglas no poseen una base empírica, por lo que no hay que confiar ciegamente en ellas.

Examina en primer lugar el lenguaje de tu interlocutor, ¿qué tipo de expresiones prefiere, las visuales, las auditivas o las táctiles? Averigua si es diestro o zurdo. En el transcurso de las terapias es posible plantear cuestiones concretas y analizar las reacciones de los clientes. "¿De qué color es el pelo de tu madre?"; si dirige su mirada hacia el ángulo superior izquierdo estará recordando visualmente. "Piensa en el aspecto que tendrías si tuvieras el pelo rojo"; si mira hacia el ángulo superior derecho podremos deducir que su patrón rememorativo es bastante normal. Quizás tú seas capaz de formular preguntas más inteligentes.

Una cuestión de tipo auditivo sería: "¿qué es lo que oyes cuando cierras la puerta de tu automóvil?"; en este momento lo más habitual es que el cliente mira hacia los lados derecho o izquierdo.

En cuanto a la mirada dirigida hacia la parte inferior izquierda, que tiene que ver con los monólogos internos, podría valer la siguiente pregunta: "¿qué te dices a tí mismo cuando pretendes motivarte para afrontar un trabajo desagradable?".

La pregunta "¿qué sientes al acariciar a un gato?" es una forma de evocar una sensación corporal y por lo tanto, el individuo tendría que mirar hacia la parte inferior derecha.

A veces, los movimientos oculares son tan rápidos que es difícil seguirlos. Un solo pensamiento puede originar diversos movimientos. En cierta ocasión le pregunté a una mujer: "¿recuerdas cuando sentiste escalofríos por última vez?" y sus ojos se movieron hacia el ángulo inferior derecho, se mudaron rápidamente hacia el izquierdo y poco después se dirigieron hacia un lado. En primer lugar había experimentado frío, después se había visto a sí misma temblando y más tarde había oído el castañeo de sus dientes.

Durante una conversación cotidiana preguntas como las anteriores parecerían fuera de lugar, por lo que lo único que podemos hacer es escuchar y observar con atención. ¿Qué palabras, qué expresiones, utiliza nuestro interlocutor y qué movimientos oculares ejecuta?

¿Cual es la utilidad de aprender a reconocer los sistemas perceptivos y las señales de acceso preferidas por nuestros interlocutores? Para ser conscientes, por ejemplo, de uno de los problemas más frecuentes en la interacción humana: el hecho de que en muchas ocasiones no escuchemos lo que se nos dice, aunque pueda parecer que lo hacemos.

Observa los movimientos oculares de la gente y sabrás con certeza si te están oyendo o si se hallan inmersos en algún proceso interior. La mirada dirigida hacia arriba, los ojos desenfocados, ponen de relieve que el individuo está muy lejos de escuchar conscientemente. Será mejor, entonces, dejar de hablar, porque tus oyentes no registrarán nada de lo que digas hasta que cambie la situación y vuelvan a hallarse despiertos, esto es, a mirarte de una manera consciente.

¿Nunca te ha ocurrido que has intentado convencer a tus oyentes con excelentes argumentos y no has logrado nada? ¿Te enojaste por ello? En el futuro, al entender mejor las causas, carecerás de razones para enfadarte. "¡Ayer te dije claramente que íbamos a tener visita, pero tú no has preparado nada!" ¿Qué contestaría el sujeto inculpado? "No dijiste ni una sola palabra al respecto, son imaginaciones tuyas". "¡Yo estoy perfectamente cuerdo! Si lo hubieses dicho realmente todo estaría preparado, como siempre. Tú sabes que yo soy muy formal".

¿Quién tiene razón? Ambos, posiblemente. El receptor no había captado el mensaje porque estaba muy ocupado en contemplar imágenes internas, en oír voces o incluso en experimentar algún tipo de sensación corporal o sentimiento. Sus canales perceptivos se hallaban cerrados y el mensaje no podía llegar a su destino. Una buena forma de asegurarse de que nuestro interlocutor nos comprende consiste en mantener su atención fija en nosotros, procurando que exista un contacto visual recíproco. Así, sabremos que está abierto a lo que podamos decirle.

Es básico prestar mucha atención a las condiciones en que se emiten y se reciben los mensajes, para que nuestra adaptación a la "frecuencia de onda" de nuestros interlocutores sea perfecta.

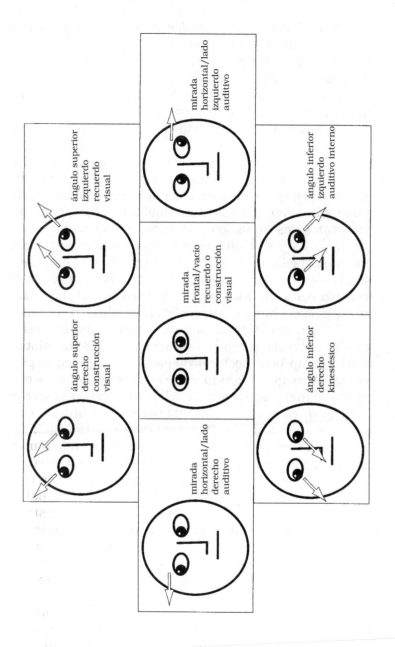

ángulo superior
izquierdo
recuerdo
visual

mirada
horizontal/lado
izquierdo
auditivo

ángulo superior
derecho
construcción
visual

mirada
frontal/vacío
recuerdo o
construcción
visual

ángulo inferior
izquierdo
auditivo interno

mirada
horizontal/lado
derecho
auditivo

ángulo inferior
derecho
kinestésico

Voy a poner dos ejemplos, uno relativo al ámbito del "aprendizaje" y otro a la esfera de las "ventas".

Quizás te haya ocurrido que, tras un cambio de profesor, tu rendimiento en una asignatura específica empeoró considerablemente, o bien sucedió lo contrario y tus notas mejoraron sorprendentemente. ¿Donde podría estar la causa de estas alteraciones? En la simpatía o en la antipatía que nos inspira el nuevo profesor, en las diferentes fases evolutivas por las que atraviesan los jóvenes, etc. Son numerosas las influencias que pueden conducir a un alumno a ser calificado erróneamente. Pero la causa principal suele residir en que los profesores no saben adaptarse a los sistemas perceptivos de sus alumnos. Cualquier estudiante, con independencia de su edad, posee una estrategia individual de aprendizaje y utiliza sus sistemas perceptivos en función del tema tratado: puede aprender viendo, fantaseando, escuchando, palpando, sintiendo o razonando.

La estrategia de los alumnos dotados para la ortografía, por regla general, consiste en visualizar las palabras y comprobar posteriormente, al verlas escritas, las sensaciones que le producen. Están empleando los sistemas visual y sensitivo. Aquellos alumnos que, por el contrario, cometen muchas faltas suelen utilizar una estrategia equivocada. Pronuncian la palabra interiormente y después la escriben. De vez en cuando tienen la sensación de haberla escrito incorrectamente, pero no saben por qué ni cómo deberían hacerlo.

La masificación de las aulas impide que el profesor pueda adaptarse a cada alumno y a su particular estrategia. Pero a pesar de todo el docente podría elevar el nivel de la clase apelando, cada vez que explicase algo, a todos los sistemas perceptivos, y no únicamente a su favorito. Esto significa presentar los temas tanto de forma visual como auditiva, táctil o sensitiva, etc, escribir en la pizarra, mostrar imágenes, objetos, videos. Posteriormente habrá que dar explicaciones, aclarar cosas, debatir y lo que es más importante, provocar sensaciones y emociones en los alumnos, inducirlos a escribir, a palpar objetos, a imitar movimientos... En definitiva, hacer las cosas como los pedagogos eficientes las han hecho siempre. Profundizaremos en este importante tema en el capítulo que trata sobre la capacidad de aprendizaje.

Entre las muchas opciones que ofrece el terreno económico he escogido la de las ventas, porque resulta muy adecuada para explicar la cuestión de los nexos causales. El buen vendedor se caracteriza por su capacidad de adaptarse al cliente. Esto significa que sabe reconocer cuál es el sistema predilecto de su interlocutor, que puede hablar su misma lengua, mirar las cosas de la misma forma, sentir como él.

Veamos un ejemplo común: la venta de un automóvil. Cuando adquieras uno, fíjate detenidamente en la forma en que el vendedor te describe sus ventajas. Si se trata de un vendedor experto, habrá identificado inmediatamente cual es tu canal perceptivo preferido y comenzará por ahí su exposición. Después se esforzará por explorar los restantes canales, puesto que nadie percibe exclusivamente a través de uno solo.

Ante un posible comprador de orientación kinestésica lo primero que hará el vendedor será invitarlo a subir al coche. "Puede Vd. variar la altura del asiento, adaptándola completamente a sus piernas. Use esa palanca. Póngase cómodo, note cómo se relaja su espalda. Conducir en estas condiciones es un verdadero placer. Por muy largos que sean los viajes, nunca se sentirá Vd. cansado; se encontrará cómodo hasta en el último kilómetro. ¿Qué tal si lo prueba? La dirección es muy suave, y muy precisa. Con un volante así se puede tomar cualquier curva, hasta la más cerrada, evitar los desniveles, conducir ajustándose a cualquier plazo de tiempo. Esto se llama seguridad...".

Los clientes orientados auditivamente serán informados de que el coche es extremadamente silencioso, incluso a altas velocidades. Si se trata de un deportivo, el vendedor elogiará el potente sonido del motor, verdadera música para los oídos del futuro conductor.

Al tipo visual se le hará notar en primer lugar la forma, el diseño, el color, la elegancia de los asientos. "Sus vecinos lo envidiarán, aunque apenas si le oirán cuando regrese a casa por la noche, porque el motor es muy silencioso y las puertas se cierran con gran suavidad, ¡si uno lo desea, naturalmente!..." Esto último es un ejemplo de cómo se enlazan hábilmente unos sistemas perceptivos con otros.

Submodalidades. Pequeños matices

Habrás dado un gran paso en el camino hacia una comunicación eficaz cuando aprendas a reconocer con exactitud las señales de acceso y los sistemas perceptivos empleados preferentemente por aquellos con quienes hablas. Pero es posible avanzar aún más. Las informaciones recibidas a través de nuestros sentidos no son simplemente imágenes, ruidos, sonidos o sensaciones. Una imagen puede ser grande o pequeña, estar más o menos coloreada, ser más o menos intensa, clara u oscura, cercana o lejana... Esto equivale a decir que cada modalidad sensorial posee una serie de submodalidades. Las submodalidades son, por consiguiente, las distinciones y matices que ofrece cada sistema sensorial.

Las submodalidades desempeñan una función importante en la vida humana. Existe una diferencia entre un paisaje nuboso, gris, monótono y triste, y otro verde, rebosante de vida y de color, de tonos y matices, en el que brille el sol. Todo el mundo reacciona de cierta manera ante una u otra submodalidad, aunque en algunos casos las reacciones seas más acusadas que en otros. El lenguaje, con frecuencia, es un buen indicador de las submodalidades dominantes. Los predicados, una vez más, son nuestras más preciosas fuentes de información.

Conocer las submodalidades es importante porque nos permite modificar el estado anímico y la emotividad de los sujetos. El abanico de opciones es muy amplio: aclarar u oscurecer una imagen, acercarla o alejarla, alterar el timbre de una voz, aumentar o disminuir el impacto de una sensación o de una emoción... El fumador que, al encender un cigarrillo, se lo imagine descomunal, casi amenazador, ¿qué sentirá? Yo sé de un caso en el que el individuo experimentó asco y rechazo. A veces, los cambios psíquicos resultantes de alterar las submodalidades se producen con una gran celeridad.

Cierto director de ventas, habituado al éxito y que se consideraba a sí mismo como una persona de actitudes positivas, no acababa de comprender por qué eran tan negativos sus sentimientos ante determinadas personas. Podría haber encarado el problema de frente, preguntándose qué clase de personas eran ésas y buscando los motivos que lo provocaban. Pero ¿tiene sentido profundizar tanto en cualquiera de nuestros problemas? A mi juicio, mucha gente está tan ocupada en hacerse consciente de sus problemas psíquicos que apenas si les queda tiempo para otras actividades. Así, dan vueltas y vueltas en torno a sí mismas, sin avanzar jamás.

Decidí que lo mejor era tratar de forzar un cambio rápido, modificando sus imágenes internas. "Piense en alguien que le haya provocado una reacción negativa muy intensa. ¿Lo está enfocando con su imaginación?, ¿qué aspecto tiene?, ¿es un hombre o una mujer?, ¿cómo es su imagen, clara u oscura?". "Bastante oscura", contestó. "Es un hombre." Pude haber buscado más matices, pero me conformé con lo de "oscuro". "¿Qué ocurre en su interior cuando contempla esa imagen tan oscura?, ¿experimenta algo físico?, ¿en qué lugar exactamente lo siente? "Siento un desagradable hormigueo en la zona del estómago". "Ahora ilumine la imagen. Sumerja a ese hombre en un verdadero océano de luz. La oscura imagen se va tornando mucho más clara. ¿Qué siente Vd. ahora? ¿qué sensación corporal experimenta?". Sus ojos se dirigieron hacia el ángulo superior derecho y al cabo de un minuto escaso su rostro se iluminó. "No puedo creerlo. El hormigueo ha desaparecido, me siento mucho mejor". Miró hacia la zona inferior derecha.

"Muy bien, ahora sabe Vd. como positivizar los sentimientos negativos. Tiene en sus manos una herramienta adecuada para transformar sus sentimientos en la dirección que quiera. Solo tiene que iluminar las imágenes, alejarlas, empequeñecerlas, etc. Ha de saber que esta técnica no solo funciona con la fantasía, sino que también puede aplicarse a la realidad, con personas de carne y hueso; utilice la imaginación para enviarles luz, confiriéndoles un aspecto más claro, y comprobará como se positiviza su actitud emocional hacia ellas. Pruebe ahora con otra persona, visualícela, ilumine la imagen. ¡Funciona!".

Vale la pena profundizar en el tema de las submodalidades y experimentar con ellas. Contemplando las cosas "bajo otra luz", o haciendo que las cosas nos "suenen a música celestial", podremos transformar nuestros programas cerebrales.

Como conclusión, veamos algunas ideas útiles para trabajar con las submodalidades:

En lo visual es posible agrandar o empequeñecer las imágenes, aclararlas u oscurecerlas, enfocarlas o desenfocarlas, acercarlas o alejarlas, suprimirlas, moverlas, enmarcarlas, alterar su forma, colorearlas, teñirlas de blanco o de negro, variar su número, incluirse en ellas (procedimiento asociado) o contemplarlas desde fuera (procedimiento disociado).

En lo auditivo trabajamos con sonidos, ruidos, voces, timbres... Podemos oír algo lejano o cercano, rápido o lento, nítido o difuso, agudo o grave, variar su volumen, su ritmo, etc.

Las submodalidades sensitivas, como ya sabemos, están relacionadas con las impresiones físicas. Matices característicos de este sector son sentir un dolor, una presión, una sensación de frío, de calor o humedad, en una región determinada o en todo el cuerpo y de un modo regular o a intervalos más o menos intensos.

Capítulo IV

Cómo franquear el acceso al otro

Rapport, una especie de tierno abrazo

¿Cuando eras niño te llevaban cogido de la mano con frecuencia? Quizás ya no te acuerdes, pero trata de reconstruir la sensación que aquello te producía. Eres un niño, extiendes el brazo hacia arriba. El adulto toma tu mano con firmeza y notas a cada paso una especie de tracción en los hombros. A veces, cuando tu acompañante realiza un movimiento brusco, sientes como si te tiraran de las articulaciones.

¿Deseas revivir tus sentimientos de entonces? Bastará un sencillo ejercicio para lograrlo. Un adulto se pone de pie en una silla, toma la mano del "niño" y le estira el brazo. El niño eres tú mismo. A la mayoría de quienes realizan este ejercicio no suele gustarles en absoluto, porque les recuerda esa sensación de desamparo, de estar a merced de alguien, que experimentaban durante la infancia.

Algo similar, aunque menos negativo, sucede en Disneylandia: las figuras son tan altas y están hechas de tal manera que los adultos vuelven a sentirse niños.

Es evidente que los adultos que siempre se dirigen a sus hijos desde arriba no mantienen buenas relaciones con ellos; carecen de un buen "rapport". Muy distinto es el caso cuando se inclinan y se sitúan a la altura del niño, que lo agradece, lo desea, lo entiende y acepta de buen grado cualquier cosa que se le comunique.

Con la palabra "rapport" nos referimos al contacto espontáneo, a la relación emocional, a la sincronización armónica que se establece entre dos personas. En el terreno de la hipnosis se denomina rapport a la relación que existe entre el hipnotizador y el hipnotizado.

Los adultos, cuando se comunican entre sí, suelen estar a una misma altura. Si no es así, en el fondo la relación es como la de un adulto y un niño. Una persona que se halle de pie y otra que se encuentre sentada no establecerán un buen contacto hasta que ambas estén en la misma situación.

Claro que no basta estar a una misma altura para crear un rapport favorable. El rapport es como abrazar al otro con delicadeza, fundirse con él respetando su personalidad. El rapport es la base de una comunicación eficiente, un elemento trascendente en la relación entre dos seres, ya sean humanos o animales. Numerosos problemas interpersonales tienen su origen en la falta de rapport. Sin rapport no podemos entender a nuestro interlocutor, ni saber cómo está, qué necesita o qué quiere. Si carecemos de rapport, si no tenemos franqueado el acceso al otro, difícilmente podremos ejercer alguna influencia sobre él.

Toda comunicación eficaz comienza por el establecimiento de un rapport armónico. Si no existe rapport entre un orador y su público, será mejor ahorrarse la conferencia; un vendedor que no establezca un rapport favorable con sus potenciales clientes nunca será un vendedor de categoría; los terapeutas crean el fundamento necesario para ayudar a otros estableciendo el rapport apropiado.

Los antiguos médicos eran capaces de ayudar a sus pacientes en las situaciones más variadas. ¿Por qué? porque los conocían en profundidad, porque su relación sobrepasaba con mucho los escasos cinco minutos de consulta actuales. Eran sus confidentes, sus aliados; los pacientes sabían que podían contar con ellos. Cuando acudían a la casa del enfermo no tenían que establecer previamente una relación, porque ya existía, simplemente. Esto es igualmente válido para todos aquellos médicos naturistas que se esfuerzan por crear una buena relación personal con sus pacientes, dedicándoles todo el tiempo que sea necesario.

Un rapport armónico es el único modo de comunicarse, conseguir información y ejercer influencia sin que los demás opongan resistencia.

¿Qué frase de las que siguen te parece más válida?: "los opuestos se atraen", o "Dios los cría y ellos se juntan". Ambas son verdaderas, dependiendo del contexto en que se utilicen. Todo el mundo sabe que dos polos de distinto signo se atraerán poderosamente. También sucede que entre los hombres y las mujeres que poseen caracteres diametralmente opuestos surge a menudo una atracción casi magnética.

Pero si se pretende crear un rapport positivo resulta más adecuada la segunda frase: "Dios los cría y ellos se juntan". Es fácil sentirse seguro y a gusto en compañía de nuestros iguales. Las peñas, los grupos, las asociaciones de todo tipo, se componen de sujetos que se comportan de un modo parecido y comparten intereses idénticos. Cuando estamos junto a individuos con los que congeniamos no hay que tomar precauciones ni tener miedo de ninguna clase. Es mucho más sencillo amar a alguien semejante que a alguien completamente diferente.

No obstante, los opuestos son muy importantes en nuestras vidas. Todo posee dos lados, bueno y malo, claro y oscuro, guerra y paz, amor y odio; cualquier asunto sobre el que fijamos nuestra mirada es dual, tiene dos polos. La reunión de dos personas dotadas de caracteres opuestos constituye una oportunidad de integración, de fundir perfectamente ambas vertientes en una sola.

La atracción entre polos contrarios conduce a menudo a la impresión de encontrarse atrapado, a una vorágine de sensaciones antagónicas, dicha y desesperación, luchas y combates... y al final, quizás, alcanzar la felicidad bajo la forma de un estado de unión maravillosa o hundirse para siempre.

Comprender que nos inclinamos a amar aquello que es semejante a nosotros constituye el fundamento del rapport. Quizás todo esto esté relacionado con los procesos neurológicos. Nuestro cerebro adjetiva como arriesgado todo lo nuevo, lo inesperado, lo desconocido. Quienes se nos parecen, en cambio, no representan ningún peligro, sino más bien al contrario, su presencia nos transmite seguridad y confianza.

El rapport puede establecerse tanto en el plano verbal como en el no verbal, esto es, en el plano físico. Si hay rapport en tus relaciones, tendrás éxito y quizás llegues a ser considerado como un individuo carismático. Un rapport armónico no consiste solamente en eliminar las barreras interpersonales, sino en que la puerta de acceso a los demás esté abierta de par en par.

Adaptarse y dirigir

Los procedimientos para crear un rapport sólido son bastante sencillos y una vez dominados, resultan sumamente eficaces.

Se ha visto que el rapport se genera con más facilidad cuanto mayores sean las afinidades existentes entre los dos individuos. La clave, por lo tanto, radica en adaptarse al otro, en ir más allá de una mera aceptación y hacerle sentir que lo comprendemos. En el fondo, se trata de encontrarse con él allí donde esté. Milton H. Erickson demostró fehacientemente que incluso los sujetos más reacios se abren al terapeuta cuando éste se coloca a su mismo nivel.

Cierta vez, Erickson tuvo un cliente que sufría temores angustiosos y que era incapaz de contar sus problemas hallándose sentado. Varios psiquiatras se habían negado a tratarlo a causa de su falta de cooperación. Erickson, en cambio, no solo aceptó su comportamiento sin vacilar, sino que supo utilizarlo hábilmente para hipnotizarlo. Cuando el cliente se puso a dar vueltas por el despacho, Erickson solicitó su colaboración y le dijo que lo que tenía que hacer era precisamente eso: pasear por la habitación. El paciente, bastante sorprendido por el planteamiento, respondió afirmativamente. De esta manera se creó un rapport excelente.

A continuación le pidió permiso para pasear junto a él. El paciente consintió, aunque con alguna inseguridad. Erickson le dijo que contara su historia paseando de izquierda a derecha y que más tarde, se acercara y se alejara alternativamente de una butaca. Pronunció las instrucciones repetida y pausadamente: "Ahora diríjase hacia la derecha, alejándose de esa butaca en la que podría Vd. sentarse. Camine hacia la izquierda, acercándose a la butaca en la que podría Vd. sentarse. Aléjese de la butaca donde podría Vd. acomodarse. Acérquese a la butaca donde podría Vd. acomodarse, etc." Seguidamente el psiquiatra ralentizó las instrucciones e incluyó la siguiente frase: "la butaca hacia la que pronto se dirigirá Vd. con el fin de sentarse cómodamente" y más tarde, esta otra: "la butaca en la que pronto se verá Vd. sentado". Los pasos del paciente se tornaban cada vez más lentos, hasta que, siguiendo una orden directa, se sentó finalmente en la butaca y cayó en un profundo trance.

Este relato ejemplifica cómo se conduce a otra persona en la dirección deseada; primero nos adaptamos a ella y después la dirigimos. La adaptación puede ser física o lingüística, aunque lo mejor es que se desarrolle simultáneamente en ambos sentidos. Para ello, físicamente debemos ser como un espejo que refleje sus posturas, sus gestos, su respiración y sus movimientos oculares, y en el plano verbal, procuraremos mantenernos dentro de su sistema perceptivo favorito.

La mayoría de la gente desconoce el hecho de que se puede establecer un rapport excelente por medio de la adaptación. Muchos, sobre todo verbalmente, hacen justamente lo contrario, aunque suelen hacerlo de buena fe.

Una mujer acude al hospital donde se halla su marido convaleciente, que ofrece un pésimo aspecto. Trata de insuflarle optimismo y de recargar sus energías vitales. Habla con él de un modo "positivo", tal como se recomienda en tantos textos modernos. "Me alegra encontrarte tan bien. ¡Qué buen aspecto tienes!" Pero el enfermo no sonríe. ¿Por qué?... ¿por qué rechaza vehementemente tan consoladoras palabras y reacciona incluso con agresividad? "¿Buen aspecto? ¿no ves que estoy fatal? Me duele todo el cuerpo y para colmo de males tengo que permanecer en este horrible hospital. Creo que voy a morirme muy pronto".

¿En qué se ha equivocado la mujer? Primer error: pocas veces se engaña a un enfermo, la mentira no resulta creíble. Incluso en el caso de que fuese verdad que su marido tenía buen aspecto, lo más probable es que él, en su fuero interno, continuara sintiéndose mal. Ella tendría que haber asumido la realidad, no decirle nada y aceptar simplemente lo que él dijese. Más tarde, seguramente habría encontrado múltiples oportunidades para animarlo.

Veamos un nuevo ejemplo. Mucha gente lo ve todo muy oscuro desde el principio. "Seguro que no encuentro aparcamiento". "Hoy habrá tormenta, ya verás qué pronto se acaba el buen tiempo". "No creo que apruebe el examen". En la mayoría de los casos las palabras se dicen sin estar persuadido de que sean verdad. En el fondo, es como una especie de superstición, tememos que las cosas no se cumplan si expresamos nuestros deseos, por eso decimos justamente lo contrario.

Sucede que tales fórmulas negativas influyen sobre quienes las oyen y que es muy difícil protegerse de este clase de sugestiones. Pero no hay forma de hacer cambiar de idea a los pesimistas, cualquier intento en este sentido impide la adaptación y resulta contraproducente, porque refuerza precisamente la actitud que se pretende erradicar. ¿Has intentado alguna vez que alguien abandone un comportamiento equivocado? por ejemplo, ¿convencer a un alcohólico del peligro que encierra su adición? Cuanto más hables, cuanto más énfasis pongas, cuanto más gesticules, con todas tus fuerzas y "por su bien", tanto más se cerrará tu interlocutor, rechazándote e incluso volviéndose agresivo. Y estará en su derecho, porque nadie debe invadir la personalidad de otro.

El asunto es distinto si es él quien te abre la puerta y te invita a entrar, pero solo lo hará si formas parte de su familia o de su estirpe, o eres su amigo, o un conocido al que estima, o sea, si eres alguien con quien tiene un vínculo estrecho.

Como ya he dicho, la forma de adaptarse a otro consiste en reflejar su forma de ser. De este modo uno se convierte en su espejo y le proporciona una muestra de su comportamiento. Conviene, por supuesto, que el sujeto no sepa nada acerca de esta técnica. Debemos ser para él como una parte de sí mismo.

Ajustándose a ciertas condiciones, la técnica del *reflejo* nos permite lograr rápidamente un rapport favorable. Primera condición: ser buenos observadores; no debe escapársenos ni el más mínimo detalle. Segunda: no se trata de copiar al otro, ni de imitarlo con descaro, se daría cuenta y las posibilidades de crear un buen rapport se reducirían mucho.

Las opciones que tenemos para reflejar al otro sin llamar su atención son dos. Si empleas la primera de ellas, el reflejo físico, te recomiendo que ejecutes los movimientos con algún retraso, unas décimas de segundo o poco más. La segunda opción es el *reflejo cruzado*, que consiste en reflejar los movimientos mediante otros diferentes, por ejemplo mover la mano cuando él cabecee.

El sujeto se dará cuenta de lo que ocurre de un modo inconsciente. Fíjate inicialmente en su posición. ¿Está sentado o de pie?, ¿mantiene las piernas cruzadas, pone las manos de determinada forma, se inclina hacia delante o hacia atrás?, ¿sus gestos son exuberantes?, ¿posee alguna particularidad? Hay quien se ajusta la corbata constantemente, quien se frota la nariz o quien se toca la frente. Todo esto se puede reflejar, pero hay que hacerlo con disimulo. Si siempre que nuestro interlocutor se palpe la corbata nosotros lo hacemos también, acabará dándose cuenta. Conviene variar los movimientos, no hay que olvidar que la finalidad de esta técnica es que su inconsciente capte las señales y reconozca el mensaje.

Usa el reflejo cruzado, que es tan válido como el directo, siempre que lo consideres oportuno. Cuando el otro se toque la corbata, pálpate tú los botones de la camisa, por ejemplo, o haz un movimiento casi imperceptible de tu dedo índice cuando él balancee su pie.

Los reflejos cruzados son a veces la única posibilidad de hacer las cosas sin correr ningún peligro. Supongamos que quieres reflejar la respiración de tu interlocutor, que puede ser lenta o rápida, profunda o superficial, inquieta o quizás jadeante. ¿Realmente pretendes imitar una respiración precipitada, para acabar tú mismo sumergido en un estado de confusión? ¿realmente deseas adoptar la casi inexistente respiración de un depresivo y deprimirte tú también? El reflejo cruzado es el único medio que tenemos para obtener resultados sin arriesgarse.

Imitar la respiración o la voz son dos excelentes maneras de adaptarse a otras personas, pero repito: es imprescindible ser un buen observador, tener tranquilidad interior y estar dispuesto a oscurecerse uno mismo para interesarse por otro. Cuando se acreciente tu experiencia podrás hacerlo espontáneamente, sin extensas reflexiones previas. Notarás rápidamente qué característica es la más reflejable. Unos prefieren la respiración, otros la voz, o los gestos, o las posiciones corporales. En el caso de que no consigas crear un rapport armónico, medita acerca de esta técnica y obsérvate a ti mismo.

La adaptación verbal resulta tan eficaz como la física. Emplear el mismo lenguaje que tu interlocutor es crear un espacio común. Repara en los predicados que utiliza, analiza sus movimientos oculares y descubrirás su sistema de percepción preferido. Con algo de entrenamiento te resultará fácil hablar en imágenes, acentuar lo auditivo o emplear expresiones kinestésicas, en función de las situaciones.

La adaptación, el reflejo en sí mismo, no poseen ningún valor intrínseco, no es más que un instrumento que persigue establecer la base necesaria para *dirigir* la relación. Al empuñar las riendas, tu papel ya no es el de un mero acompañante, sino el de un guía. La dirección que toméis tiene una gran importancia, especialmente cuando se trabaja con la hipnosis.

Solo es posible dirigir a otros si sabemos adónde conducirlos, si tenemos una meta. Veamos un ejemplo práctico. Estás sentado frente a un sujeto a quien te has adaptado todo lo posible. Tu posición refleja la suya, respiráis al mismo ritmo, te expresas de acuerdo con su sistema perceptivo, habláis en un mismo tono, con una velocidad similar... Ha llegado el momento de empuñar las riendas; tu respiración se ralentiza ligeramente -hazlo con cuidado, como si estuvieras acercándote a tientas a algún lugar- y tu interlocutor te imita; tus palabras se hacen más lentas, las suyas también. Condúcelo ahora hacia otro sistema perceptivo, combinando las expresiones de tipo visual, que son sus favoritas, con las kinestésicas. Puedes hablarle de *colores,* suscitar *impresiones* agradables, recordarle una bella *melodía* que lo haga soñar... Así, lo conduces imperceptiblemente hacia donde tú deseas, hacia un trance hipnótico por ejemplo.

Una vez que se hayan aplicado satisfactoriamente las técnicas anteriores, dará comienzo el verdadero trabajo, que no es otro que la modificación de la conducta. Para ello, disponemos de un procedimiento de un valor inestimable: el anclaje.

Anclar los resultados

¿Eres de los que siempre están buscando sus llaves? ¿Cómo lo hacen los que siempre saben dónde están? No es que sean fanáticos del orden, no, lo que pasa es que saben organizarse mejor que tú.

En primer lugar, has de escoger un sitio para colgarlas. A continuación solo necesitarás hacerlo una y otra vez de una manera consciente, hasta que ese acto se convierta en un hábito. Más adelante, te bastará ver el lugar para hurgarte automáticamente en los bolsillos en busca de las llaves. Tu reacción habrá sido condicionada, *anclada,* como se dice en el campo de la PNL. Lo que es válido para las llaves, puede serlo también en otros muchos casos.

El anclaje no es un fenómeno raro, infinidad de experiencias se hallan tan firmemente ligadas a un determinado estímulo externo que basta sentirlo, o recordarlo, para que se reactiven.

¿Piensa en un limón, seguramente tu lengua comenzará a segregar saliva? Te sucederá lo mismo, salvo que seas vegetariano, al evocar un suculento filete. Imagínate a alguien que bosteza y el siguiente en bostezar serás tú. Un ejemplo corriente: alguien nos tiende la mano y nosotros lo imitamos automáticamente, sin reflexionar.

Todas estas anclas han brotado inconscientemente, pero es igualmente posible realizar un anclaje de una forma consciente y deliberada. La técnica del anclaje se desarrolló a partir del clásico condicionamiento, analizado durante el cambio de siglo por el fisiólogo ruso Pawlov, que fue un estudioso de los reflejos incondicionados o innatos.

Un reflejo incondicionado en un recién nacido es, por ejemplo, el de succionar. Los reflejos funcionan siempre que existe el estímulo correspondiente; nuestra pierna se levanta involuntariamente cuando el médico nos golpea suavemente en la rodilla; nuestros párpados se cierran automáticamente cuando se nos acerca un objeto rápidamente. En los individuos sanos este tipo de reflejos funcionan de una forma instintiva.

Pawlov concibió el siguiente experimento: medía la cantidad de saliva que segregaban sus perros al darles de comer. Más tarde hizo sonar una campana antes de cada comida. Al principio, los perros no reaccionaban ante la señal, pero al cabo de cierto tiempo la asociaron con la comida de manera que cada vez que la oían comenzaban a segregar saliva, aunque no comieran nada. Había surgido lo que se denomina un reflejo condicionado.

Pawlov todavía partía de la suposición de que el estímulo debía repetirse durante cierto tiempo para crear el reflejo. Hoy sabemos que no es necesario invertir demasiado tiempo en un anclaje. Los éxitos de este procedimiento tan sencillo se basan precisamente en que se puede generar en una única sesión, o tras muy pocas repeticiones.

Los anclajes no solo sirven para crear un reflejo mensurable, sino que también pueden provocar una experiencia interior, una sensación, una emoción, imágenes, voces...

En la vida cotidiana, los anclajes tienen más importancia de la que creemos. Las disputas conyugales, por ejemplo, suelen desarrollarse siguiendo un patrón muy definido. Cierto comentario genera una reacción casi obligada, que a su vez se erige en ancla de la siguiente reacción. "Nunca tienes tiempo para mí, ¡tus amigos son más importantes que yo!" "A ti solo se te ocurre hacer algo cuando quedo con alguien, ¡ya sé que no te caen bien mis amigos!" "¡Esos tipos! ¿tú crees que eso son amigos?".

Nada puede detener el proceso. Sucede lo mismo que en la anécdota de aquel caballo circense que fue vendido a un comerciante de chatarra. Años después, el circo retornó a la ciudad y cuando comenzó la propaganda callejera el chatarrero y su caballo se encontraban en los alrededores. El animal, nada más oír los primeros compases musicales, reaccionó como tocado por una corriente eléctrica, echó a correr y se colocó en fila con los demás caballos, pese a que el chatarrero intentó impedírselo tirando del ronzal y utilizando el látigo. El viejo ancla era tan poderosa que nada podía oponerse a que el animal volviera a actuar como un caballo de circo.

En todos los ámbitos encontramos manifestaciones del proceso de anclaje. ¿Te molesta la forma de hablar de ciertas personas? Lo que te disgusta puede ser la voz en sí, el tono empleado o cierta manera de acentuar las palabras. ¿De dónde procede este rechazo? Tal vez lo sepas, aunque lo más probable es que lo ignores. En mi caso, la ironía de cierto profesor de matemáticas me resultaba insoportable. Le sobraban razones, desde luego, para ironizar, ya que yo no era precisamente una lumbrera en la asignatura. Todavía hoy siento un escalofrío cuando oigo hablar a alguien con aquel tono irónico.

El anclaje posee un efecto positivo que a veces parece milagroso y puede considerarse como uno de los instrumentos más potentes de la comunicación.

A mí me satisface bastante el término "ancla", porque la palabra sugiere algo positivo. Ancla significa sostén, apoyo. Los marineros, al echar el ancla, se están asentando en algún lugar. También suele emplearse esta palabra con un sentido figurado: "la fé era su ancla más firme". Por otro parte, en casi todas las ciudades portuarias existe un "Mesón el ancla" o "El ancla dorada".

Tú también puedes utilizar un ancla "dorada" siempre que desees que algo excepcionalmente bueno arraigue en ti. A este tipo de anclaje se le denomina "Moment of excellence", a traducir quizás por momento cumbre.

Los momentos cumbre eran una parte fundamental de mis primeros ejercicios, realizados en los seminarios para principiantes del Dr. Gerhard Fries. En el transcurso de uno de ellos, cuando llegó mi turno, se me pidió que recordara algún momento de mi vida particularmente hermoso, feliz, logrado, insuperable, un momento de gozo que me produjera placer y me hiciera sentirme bien. Acto seguido mi tutora me introdujo en la situación que yo había escogido, con mucha delicadeza y utilizando palabras sumamente sugestivas. Me dijo que visualizara nítidamente el instante, el ambiente que me rodeaba, las personas que se hallaban presentes, que oyera lo que se decía y que percibiera los sonidos, que experimentara una sensación de bienestar inundando mi cuerpo y captara todo tipo de impresiones, olores, sabores, etc.

Tuve una sensación maravillosa. Fantaseaba con mi rincón predilecto de la isla de Lanzarote. En el mes de Febrero, durante unas vacaciones, había ido cada día a un gran roca que surgía del mar y en cuya base estallaban las olas. Nadie podía verme allá en lo alto; la espuma subía me salpicaba los pies; notaba el ardor del sol en mi piel; el cielo era de un azul celeste inmaculado y yo me sentía uno con la naturaleza y con todo lo existente. A veces, extendía los brazos hacia el sol, como si quisiese absorber su energía a través de las palmas de mis manos.

Ese fue el instante que reviví. Podía haber continuado así durante horas y horas, por lo que no me gustó que mi felicidad se desvaneciera cuando mi tutora me despertó. Ella me había estado observando durante el trance: la posición de mi cuerpo, la expresión de mi rostro, mi respiración. Este análisis tan preciso era necesario porque los registros efectuados iban a convertirse en el ancla que me permitiría reactivar en cualquier momento una sensación similar a la que acababa de tener.

Posteriormente comprobamos la efectividad del ancla. Las palabras de mi tutora me ayudaron a regresar a mi estado anterior: "vuelve a sentarte con la espalda recta. Cierra los ojos, o manténlos abiertos, como prefieras. Respira más profundamente, utiliza primero la respiración abdominal y después la costal. Extiende un poco los brazos, con las palmas hacia arriba, es suficiente con insinuar el gesto. Tus músculos faciales se relajan, tienes la cara flácida, algo descolgada. Percibe la ligera dislocación de tu rostro, que parece algo inarmónico".

Cada vez que ejecutaba una de sus instrucciones, yo le señalizaba con un movimiento de cabeza que me iba acercando al momento cumbre. Sus observaciones habían sido precisas, puesto que yo regresé inmediatamente a mi estado anterior. La posición corporal, la respiración y la relajación, se habían convertido efectivamente en mi ancla personal.

Tres puntos resultaban decisivos: la relajación de los músculos faciales, la respiración profunda -me parecía estar respirando el aire salado del mar- y la postura de los brazos, con los que absorbía la energía del sol. Me costó un gran esfuerzo despertar.

Todavía realicé una comprobación más. Palmas hacia el sol, respiración profunda y relajación facial, tres elementos muy simples cuya combinación surtió un efecto inmediato, como si alguien me hubiera tocado con una varita mágica. Examiné algunas situaciones futuras en las que podría emplear mi nuevo recurso.

Cuando comentábamos el ejercicio, mi tutora, que al mismo tiempo es mi compañera, me comunicó algo que le había sorprendido. Me dijo que cuando yo me encontraba en un estado de relajación profunda, ella había notado que mi rostro tenía un aspecto algo desagradable. "Durante todos estos años he estado equivocada, siempre que veía esa expresión distorsionada pensaba que no te encontrabas bien, y te preguntaba: "¿qué te pasa, no estás a gusto?". Cuando tú me respondías que te sentías bien, yo no te creía. Cada vez me doy más cuenta del peligro que encierran las interpretaciones. ¡Y todo porque estaba absolutamente convencida de que un rostro relajado debía ser armonioso!

No es imprescindible tener un tutor para anclar un recuerdo positivo, también puedes hacerlo tú solo. Busca un lugar tranquilo, relájate, cierra los ojos y piensa en tu respiración.

Concentrarse en una respiración calmada y profunda es conectar con el potencial energético de nuestro cuerpo. Respirar constantemente de un modo superficial acarrea consecuencias en forma de tensiones musculares, angustias, dolencias, y disminuye la capacidad de rendimiento. Respirar profundamente, en cambio, le suministra a nuestro organismo, y muy especialmente a nuestro cerebro, una mayor cantidad de oxígeno, transmitiéndole una sensación de amplitud y fuerza e influyendo positivamente en nuestro estado emocional y en nuestras reservas energéticas.

Es importante que reactives y ancles tus momentos cumbre únicamente de manera asociada, esto es, cuando estés inmerso en un estado similar de bienestar, ya sea real o imaginado. Un momento así solo se puede anclar cuando nuestros sentidos reciben -repito: real o imaginadamente- las mismas impresiones que en el momento rememorado. Revivir es mucho más que recordar. Lo que cuenta no son las circunstancias externas, el contexto o el desarrollo de una acción, sino las imágenes, las voces, los sonidos, las gozosas sensaciones físicas experimentadas. Hay que sentir lo mismo, como si todo estuviera ocurriendo en este preciso instante.

Cualquier sensación, una vez anclada firmemente, podrá ser trasladada a cualquier otro contexto o acontecimiento.

¿Qué podemos utilizar como ancla? El anclaje puede efectuarse a través de cualquier sistema perceptivo, pero lo más eficaz es combinar lo visual, lo auditivo y lo kinestésico.

Como ancla visual se puede utilizar la propia figura o algún objeto simbólico. Genie Z. Laborde recomienda emplear un imaginario círculo de colores en el que podemos penetrar mentalmente. También es posible trazar un círculo real a nuestro alrededor, un círculo de tiza, por ejemplo, y almacenar esta imagen en la memoria.

Laborde no menciona el hecho de que trazar un círculo es un antiquísimo rito mágico de protección. Esa es quizás la razón de su eficacia.

Como ancla auditiva se puede emplear una palabra o una frase oídas interiormente.

Las sensaciones táctiles constituyen la mejor ancla kinestésica. Tocarse el lóbulo del oído, presionar ligeramente nuestra sien, frotarse la nariz, juntar conscientemente los dedos pulgar, índice y corazón de una mano, etc. El procedimiento de los dedos es muy adecuado cuando no se desea llamar la atención.

Para reactivar un proceso anclado es fundamental repetir el ancla exactamente de la misma forma en que fue establecida originalmente. No puede haber ninguna diferencia. Si hemos elegido ejercer una presión en una determinada zona del brazo, debemos volver a hacerlo en el mismo lugar y con una intensidad y una duración similares.

El acto programador en sí, esto es, el almacenamiento de las sensaciones de bienestar con el fin de que puedan ser reactivadas en cualquier momento, se define como la rememoración de modo asociado del momento cumbre, ejecutando simultáneamente todas las anclas previstas. Es conveniente repetir el procedimiento varias veces, siempre de una manera consciente e intensa, para reforzar el ancla.

La programación resulta más eficaz usando un solo ancla para diversos momentos cumbre. Se ancla la primera experiencia, a continuación se revive la segunda, se graba con el mismo ancla y así sucesivamente. Esto se denomina *apilar anclas.*

La técnica avanzada que sigue solo se puede aplicar cuando el problema a resolver no esté causado por fuertes experiencias negativas o traumáticas. Se trata de la *concatenación de anclas.* En un excelente libro titulado "Megateaching" se habla de ciertos "puntos mágicos" a través de los cuales se unen las anclas. También se describe, dicho sea de paso, cómo solucionar con el mismo método el problema de los escolares hiperactivos.

En ocasiones es adecuado utilizar toda una cadena de anclas en lugar de una sola. Los nudillos y las yemas de los dedos son puntos particularmente apropiados para efectuar las concatenaciones. Conocí a cierto estudiante que pasaba grandes apuros en sus exámenes orales. No le faltaban conocimientos, pero cada vez que no podía responder inmediatamente y sentía la mirada fija del profesor, enmudecía.

Le propuse que, la próxima vez que se encontrara en la misma situación, dijera cualquier cosa intranscendente, algo como "voy a reflexionar un momento...", pero no dio resultado. El único procedimiento que funcionó fue la concatenación de anclas.

En primer lugar le pedí que recordara su enmudecimiento durante su último examen. Lo observé con atención y, cuando se hallaba en la cima de la vivencia, le presioné el nudillo de su dedo meñique. Se trataba del ancla de su incapacidad lingüística.

Comprobé el ancla volviendo a presionar sobre su nudillo e interrogándolo acerca de lo que sentía. No pudo contestarme, las palabras se le atascaban en la garganta. El ancla estaba firmemente fondeada.

Después lo invité a recordar un suceso en el que, hallándose relajado y tranquilo, se hubiera expresado convincentemente y con fluidez. Evocó un episodio bastante dramático y a mí me invadieron las dudas sobre si podría servir o no. Pero sirvió. Cuando estudiaba en el instituto, uno de sus compañeros de clase había participado en el asalto a un kiosco. El intentó convencerlo de que desistiera, de una manera enfática, advirtiéndole de las consecuencias que podía acarrearle aquello. Anclé ese recuerdo, cargado de intensas emociones, presionando sobre el nudillo de su dedo anular.

El siguiente paso consistió en prepararlo para el examen. Le dije que se imaginara que se encontraba examinándose. El profesor le planteaba una pregunta y él, mientras le daba la respuesta, experimentaba las mismas sensaciones que en el caso de su compañero de instituto. Tenía que contemplar a su amigo ante él, pasarle la mano por el hombro, volver a sentirse como en el instante en que éste le prometió que no cometería más imprudencias. La hermosa sensación de ayudar a otro, de estar hablándole con las palabras adecuadas, era una realidad, y simultáneamente, el rostro de su compañero se iba transformando en el del catedrático. Anclé este momento, esta vez con el nudillo del dedo corazón.

El anclaje carecería de utilidad si no mantuviera su eficacia con el paso del tiempo. Le dije que pensase en el examen que se avecinaba. El conocía al examinador, por lo que no le resultaría difícil imaginárselo con claridad. Se vio a sí mismo mentalmente, sentado en una silla, oyendo la voz del profesor y todavía tenso.

Lo invité a visualizar sus respuestas seguras y espontáneas, a disfrutar de sus nuevas cualidades oratorias, a pedir que se le concediera un momento de reflexión aún en el caso de saber inmediatamente la respuesta. Las últimas imágenes de la visión debían dejar muy claro que había aprobado el examen. Al darme cuenta, gracias a sus facciones, de que estaba viviendo la situación del examen de un modo enteramente nuevo, apreté durante unos segundos el nudillo de su dedo índice.

Ahora había que verificar si las anclas resultaban efectivas. Presioné el nudillo de su meñique y observé su fisonomía: parecía rígido, tenía los labios firmemente sellados. Le tocó el turno al nudillo del anular y simultáneamente, le dije: "va Vd. a hablar con calma, seguridad y precisión"; su expresión se aclaró y entreabrió los labios. Presioné el nudillo de su dedo medio, insistiéndole: "contestará espontáneamente, con tranquilidad y seguridad"; su expresión confirmó mis palabras. Finalmente presioné el nudillo de su dedo índice, apoyándolo nuevamente con las sugestiones adecuadas: "podrá contestar de un modo espontáneo, tranquilo y seguro, disponiendo de todos sus conocimientos, durante cualquier examen que tenga que afrontar en el futuro".

Aunque yo tenía la impresión de que todo estaba ya bien atado, reforcé las anclas repitiendo el procedimiento cuatro veces. Después lo invité a que las reactivase él mismo y su animada sonrisa me hizo suponer que el anclaje surtiría efecto no solo en su imaginación sino también en la situación real y pese al estrés que suele ir unido a esta clase de acontecimientos. Y así fue como sucedió.

Durante su siguiente examen oral presionó sus nudillos sin que nadie reparara en ello y contestó a todas las preguntas, sin inhibiciones. Al despedirse sonrió y el catedrático le dijo que podía haberlo hecho así desde el primer examen.

Repito que el anclaje concatenado no sirve para disolver ni las emociones negativas poderosas ni las vivencias traumáticas. En el capítulo sobre fobias hallarás la explicación acerca de cómo proceder en estos casos.

El anclaje más perfecto no resulta eficaz cuando existen sentimientos de inferioridad o de fracaso tan firmemente fondeados que las viejas anclas poseen mayor fortaleza que las nuevas. En estos casos es preciso mezclarlas con objeto de debilitar la reacción frente al estímulo negativo. Este procedimiento se denomina *colapso de las anclas*.

Por regla general se necesita la ayuda de un terapeuta competente, pero no hay inconveniente en que lo intentes por ti mismo. Si el resultado no es satisfactorio, siempre podrás buscar a alguien que te eche una mano.

Cierra los ojos y recuerda la experiencia o el suceso que diera origen al ancla negativa responsable del comportamiento no deseado que quieras suprimir. Revívelo de modo asociado, contemplando, oyendo y sintiendo la situación. Fondea un ancla en alguna zona de tu cuerpo, complementada quizá con alguna palabra que describa acertadamente tus sentimientos de entonces.

Interrumpe ahora el proceso y abandona ese estado levantándote, mirando el paisaje, cantando una canción o haciendo cualquier otra cosa que se te ocurra.

Evoca ahora un acontecimiento positivo, un estado agradable. Implica una vez más todos tus sentidos, como si lo estuvieras viviendo en este instante. Ancla tu estado usando otra región de tu cuerpo y acompañándolo igualmente con una palabra o una frase característica.

Vuelve a interrumpir el proceso, para que no se mezclen ambos estados. La combinación se efectuará después, pero con una conciencia plena.

La amalgama de las anclas se realiza colapsándolas. Palpa prácticamente al mismo tiempo los dos puntos físicos, en primer lugar el negativo e inmediatamente después el positivo, pronunciando las palabras correspondientes. Aquí comienza el proceso de mezcla. Repite la palabra positiva ejerciendo una presión mayor sobre el ancla negativa; ahora repita la negativa presionando enfáticamente el ancla positiva. En último lugar, presiona ambas anclas pronunciando las dos palabras acompañantes. Si lo estimas necesario repite el proceso colapsador cuantas veces quieras, hasta que notes la transformación.

El objetivo es lograr una fisiología mixta, un estado intermedio donde se mezclen las sensaciones negativas y positivas, fundiéndose en una nueva sensación mucho más soportable. Quizás no resulte tan positiva como habrías deseado, pero será, como mínimo, más satisfactoria que la anterior.

El anclaje es un instrumento formidable que pone a vuestra disposición los recursos que necesitamos para aproximarnos a nuestro estilo ideal de vida. Además, es sumamente eficaz cuando se trata de influir en otros, o, digámoslo abiertamente, de manipularlos.

Más adelante trataremos la cuestión de hasta qué punto la ética nos permite manipular a los demás. Este es un problema que solo se plantea a propósito del anclaje. La manipulación, en sí misma, no es rechazable, puesto que consiste únicamente en ejercer una influencia concreta sobre otras personas de un modo consciente. Ahora bien, lo que importa son sus efectos, que pueden ser beneficiosos o no y, hablando de manipulaciones, me parece a mí que solo cabe lo segundo.

Si pretendes manipular a alguien, reflexiona previamente sobre este problema y, sobre todo, pregúntate hasta qué punto tu dignidad personal es compatible con la idea de perjudicar a una persona.

Existen diversas formas de fondear un ancla, tanto para los casos en que el individuo tiene plena conciencia como para aquellos en que se halla bajo los efectos de la hipnosis. Milton H. Erickson, que fue particularmente creativo en este sentido, utilizaba anclas muy variadas y sutiles, adaptadas a cada caso particular.

Erickson no podía servirse del contacto físico con sus clientes debido a una enfermedad que sufrió durante su juventud y que acabó confinándolo en una silla de ruedas. Sus anclas, no obstante, funcionaban perfectamente, y ello a pesar de que muchas veces eran tan imperceptibles que ni los mismos observadores reparaban en ellas. Le bastaba, por ejemplo, girar levemente la cabeza mientras hablaba para anclar hondamente un estado determinado. Quizás la eficacia de sus anclas residía precisamente en el hecho de que el cliente solo las percibía inconscientemente.

Al escoger un ancla es aconsejable optar por algo poco corriente. Los apretones de manos, por ejemplo, son algo tan habitual que no resultan válidos. Los roces en las manos y en los hombros, por otro lado, solo funcionan cuando se trata de enraizar lo que podríamos denominar un autoancla.

Los procesos de anclaje pueden llevarse a cabo de manera abierta u oculta. Los vendedores, para animar a los clientes a adquirir sus productos, suelen decantarse por el modo camuflado.

Supongamos que un representante visita a un cliente y se lo encuentra con la piel tostada por el sol. En un escritorio divisa unas fotografías tomadas durante las vacaciones. ¿Cómo no hacerle algunas preguntas al respecto y aprovechar la su euforia para anclar ese estado positivo a través de una cierta palabra y un gesto poco llamativo, por ejemplo algo tan insignificante como alzar ligeramente una ceja?

Posteriormente, cuando estén conversando acerca de los productos, el vendedor repetirá la palabra y el gesto y la positiva sensación de las vacaciones impregnará la actitud del cliente hacia la mercancía. Esta clase de anclas, claro, serán fundamentales a la hora de ultimar la venta y fijar el precio. Los buenos vendedores suelen actuar así, aún sin darse cuenta.

Los terapeutas pueden emplear el proceso de anclaje de una forma más abierta. Personalmente prefiero informar a la gente de lo que estoy haciendo, y si de lo que se trata es de hipnotizar a alguien, habrá que extremar las precauciones. Voy a explicar este tema con más detalle.

Para hipnotizar a alguien por primera vez se requiere cierto tiempo, que estará en función de su naturaleza y de las habilidades del hipnotizador. A veces se consigue rápidamente, otras se tardan veinte o treinta minutos. Una vez que esté hipnotizado el individuo, el terapeuta podrá anclar firmemente ese estado -pronunciando una palabra determinada mientras roza el brazo de su cliente, por ejemplo- para que en la siguiente ocasión no sea necesario emplear tanto tiempo.

Ese es el procedimiento que suelen seguir los hipnotizadores espectaculares. Algunos incluso hipnotizan a sus "víctimas" durante el día anterior, con objeto de que, nada más subir al escenario, caigan en trance en cuestión de segundos. Al hipnotizador le bastará con repetir el ancla adecuada. La responsabilidad del hipnotizador es especialmente grande en estos casos: ha de procurar que el ancla no sea activada de forma involuntaria por nadie. Tendrá que desactivarla siempre que acabe la sesión. Pero ¿ocurre esto en la práctica?

Sé de un caso en el que el hipnotizador le hizo escuchar cierta melodía a un hombre en trance, diciéndole: "cada vez que oiga esta música caerá enseguida en un trance profundo". Bastantes semanas más tarde el hombre volvió a escuchar la melodía mientras conducía su automóvil, cayó en trance y se estrelló contra un muro.

El anclaje no es más que una técnica, pero son muchas las cosas que pueden lograrse con él.

Capítulo V

El trance hipnótico no es sueño

¿Qué es el trance?

Este capítulo no solo es importante para aquellos terapeutas que tengan que enfrentarse a los estados hipnóticos de sus clientes. Los trances son parte inseparable de nuestras vidas, ya se trate de la rutina diaria, de la comunicación o de nuestros procesos psíquicos.

Todo el mundo conoce algún trance cotidiano. Piensa que estás ante una chimenea donde arde un buen fuego, solo o acompañado. Grandes leños crepitan y chisporrotean al quemarse, las llamas bailan irregularmente, algunos tizones se han convertido ya en brasas rojizas. Percibes el aroma característico de la madera ardiente, el olor a humo, notas calor en las manos y en el rostro. Tus ojos están fatigados y comienzas a divagar, persigues coloridas fantasías con los ojos abiertos y, sin darte cuenta, penetras en una dimensión diferente de la realidad. Tu atención se dirige cada vez más hacia tu interior y dejas de percibir los estímulos externos.

Experimentamos muchos estados de esta clase en el transcurso de una jornada; a menudo duran tan solo un instante. Piensa en un largo trayecto en coche a través de una carretera monótona y solitaria, o en esas aburridas conferencias que en ocasiones nos vemos obligados a soportar por las razones que sean, en un paseo por el campo... Mientras nos hallamos inmersos en lo que hacemos, no reparamos en nada y únicamente al reflexionar sobre ello tomamos conciencia de que algo ha sido diferente.

El trance hipnótico es semejante a los estados evasivos cotidianos. La única diferencia radica en que lo provocamos a conciencia, bien uno mismo o bien un hipnotizador. Durante la vigilia o estado despierto predomina la consciencia, durante el estado hipnótico, por el contrario, predomina nuestro plano inconsciente.

Numerosas personas se asustan cuando oyen hablar del trance, y más aún cuando hablamos de la hipnosis. Asocian la palabra con los espectáculos que han visto sobre un escenario, con un hipnotizador transformando a gente corriente en seres carentes de voluntad propia. Yo también conozco ese tipo de hipnosis.

Poco antes de concluir el bachillerato en un instituto de Erfurt, asistí a un espectáculo así, como espectador, naturalmente. El hipnotizador logró poner en trance a un grupo de voluntarios, unos diez u once, sugiriéndoles que se encontraban en la luna. En aquella época, nuestro satélite todavía no había sido pisado por el hombre, pero los sujetos vivieron la experiencia con un absoluto verismo, como si realmente hubieran estado allí.

Uno de los voluntarios era una de mis compañeras de instituto, una muchacha muy hábil. Para ella, la aventura hipnótica terminó trágicamente. Durante los días siguientes a su "estancia" en la luna no paró de comentar lo hermoso que había sido vivir allí y qué poco sentido tenía la vida en la tierra. Al cabo de dos semanas se suicidó. La culpa de su muerte recae, a mi juicio, en el hipnotizador, que no se aseguró de sacarla completamente de su profundo trance. La mala reputación de la hipnosis, que es una herramienta muy eficaz e inofensiva si se aplica correctamente, se debe a esta clase de errores. Nadie podría afirmar que la sesión hipnótica fue la única y exclusiva causa del suicidio, pero lo que sí está claro es que acentuó el conflictivo estado psíquico de la joven.

Un trance hipnótico normal es, sencillamente, un estado en el que el sujeto se concentra con tanta intensidad en algo determinado que todo aquello que lo rodea pierde su importancia y deja de percibirlo.

Se trata del mismo proceso que cualquiera experimenta en un teatro. Mientras las luces permanecen encendidas, el telón bajado y se oyen las conversaciones de los espectadores, nos hallamos en estado de vigilia. Pero cuando las luces comienzan a apagarse gradualmente, se alza el telón, se ilumina el escenario, se oye música y comienza la función, nos concentramos completamente en lo que ocurre sobre la escena. Continuamos teniendo conciencia, más o menos, de donde estamos, oímos la tos del vecino, percibimos el crujido de las bolsas de golosinas. Hay ocasiones en que no nos concentramos suficientemente en la obra, pero cuando la fascinación por lo que vemos nos embarga nos sumergimos poco a poco en un estado de trance. Registramos las imágenes, las palabras, la música, permitimos que el argumento nos envuelva, casi como en un sueño, y solo despertamos cuando todo ha terminado, cuando las luces se encienden y la gente aplaude. Cada individuo vive todo esto de una manera diferente y con una profundidad distinta y característica. Algunos se resisten a abandonar el estado consciente, otros, en cambio, lo abandonan muy rápidamente y entran en un trance tan profundo que apenas si reaccionan a los estímulos externos.

El trance no es un sueño. Si lo deseamos podemos regresar en cualquier momento a la vigilia y, sobre todo, nadie se encuentra a merced de otro en esos momentos. Oye cuanto se dice y se percata de cuanto ocurre a su alrededor, recuerda más tarde cuanto ha hecho y no hace nada que no haría estando consciente. ¿Te sientes defraudado? ¿esperabas otra cosa?

Pero, ¿qué sucedió con la muchacha que se creía en la luna? y ¿qué hay de todas esas cobayas humanas que bajo hipnosis hacen cosas como comerse una cebolla o un limón con fruición y relamerse posteriormente?

El ligero trance inicial puede profundizarse, pero solo a condición de que los candidatos realmente estén dispuestos a ello. Entonces puede ocurrir que más tarde no recuerden nada, que se sientan completamente amnésicos. Los trances profundos pueden resultar sumamente valiosos en ciertas terapias, pero no son necesarios en la mayoría de los procesos de transformación. Un trance ligero basta, por regla general, para que el inconsciente pueda responder a los estímulos y se erija en parte activa de la terapia.

¿Qué es lo que nos indica que una persona se halla en trance? Hay ciertas señales características. He aquí una lista:

Rostro

Las facciones se tornan flácidas, pierden consistencia. En los primeros estadios del proceso, el rostro es asimétrico, con la profundización recobra la armonía y la simetría.

Respiración

La respiración se transforma. Quien estando despierto respire superficialmente, o sea, con la parte superior del pecho, durante el trance posiblemente lo haga con mayor profundidad, abdominalmente.

Ojos

Los movimientos rápidos de los párpados nos indican que ha comenzado el trance. Los denominados Rapid eye Movements (REM) (movimientos rápidos de los globos oculares), pueden ser un indicio de que el trance es lo suficientemente profundo. También puede suceder que el individuo caiga en trance con los ojos abiertos.

Músculos

A menudo se registran movimientos involuntarios de los dedos, las manos y los pies. La irrigación sanguínea de los músculos mejora notablemente como consecuencia de la relajación.

Además de lo anterior, hay otros muchos indicios propios de cada individuo y que solo se hacen patentes tras una minuciosa observación. Dado que un sujeto hipnotizado se expresa con dificultad, es muy importante estar atento a las transformaciones físicas que puedan sucederle, incluso a las más imperceptibles.

En la mayoría de los individuos se produce un cambio del sistema perceptivo durante el trance. Este conocimiento resulta muy útil, porque nos permite mejorar la eficacia y la calidad de nuestra influencia. El tipo visual puede reconvertirse en el tipo kinestésico y este último puede experimentar impresiones visuales que nunca tendría hallándose consciente. Un buen método de inducción, de hecho, consiste en conducir al sujeto de un sistema perceptivo a otro.

Inducción al trance

Los hipnotizadores que trabajan con sugestiones directas tienen a menudo grandes dificultades para inducir a alguien al trance. Las órdenes directas generan resistencia. Precisamente, los hipnotizadores espectaculares, conscientes del problemas que representa para ellos un sujeto remiso, suelen poner mucho cuidado en la selección de las víctimas.

La inducción al trance característica de Milton H. Erickson arranca de un principios muy distinto: nadie tiene licencia para invadir la mente de otro y someterlo a su influencia. El terapeuta responsable evita todo lo que sea ejercer poder, respeta la dignidad de su cliente y le ayuda a transformarse.

En ningún caso el terapeuta puede coaccionar al cliente; lo que ha de hacer es "ayudarle a traspasar su estado consciente con el fin de que libere su potencial inconsciente, en el marco de una estrategia de resolución de sus problemas". Para conseguirlo, el terapeuta tendrá que conocer múltiples formas de inducción, y emplear un método u otro de una manera flexible, en función de los individuos y de las situaciones. El principio básico consiste en observar y más tarde reforzar las señales fisiológicas que indiquen que existe una alteración de la conciencia, registrarlas minuciosamente y usar todos estos datos para ayudar al individuo, mediante una especie de "bio-feedback", a que oriente la transformación correctamente, hasta desembocar en el trance. Las herramientas más poderosas de que disponemos, dejando al margen las técnicas no-verbales, son las sugestiones.

Para que las sugestiones sean aceptadas sin mayores problemas han de ejecutarse, como ya he dicho, de modo que no susciten ninguna oposición. El terapeuta no solo ha de transmitirle al sujeto la impresión de que lo apoya, sino que tiene que apoyarlo realmente.

Las técnicas inductivas, en el fondo, son muy sencillas. Pero que nadie se engañe. Se necesita mucha experiencia, gran capacidad de observación, talento para crear rapports, manejo creativo del lenguaje, sensibilidad, flexibilidad, seguridad y una personalidad carismática. A veces, basta el carisma para inducir a un individuo hacia el trance.

Voy a describir ahora algunos de los métodos de inducción más efectivos, comenzando por el que se relaciona con el carisma personal.

El poder de una personalidad magnética

El carisma no una cualidad artificial. Brota del interior de las personas, es un poder interno. Un terapeuta con carisma, dotado de una personalidad magnética, con solo decir "va Vd. a caer en un trance profundo", puede conseguirlo realmente.

Erickson era un claro ejemplo de posesión de esta fuerza magnética. Su poder, evidentemente, no estaba basado en nada externo, porque se hallaba confinado en una silla de ruedas. En cierta ocasión, preguntado por los motivos de que fuera capaz de aportar algo incluso en los casos más desesperados, respondió: "I just never doubt" ("sencillamente, porque nunca lo pongo en duda").

La inducción por medio de la irradiación o el carisma personal solo le está permitida a muy pocas personas. Pese a ello, todos los terapeutas deberían hacer un esfuerzo diario para aumentar su magnetismo personal.

Trance anterior recordado

Es muy fácil poner en trance a alguien que ya lo haya estado anteriormente. Los terapeutas siempre preguntan si ha sido así y, en caso afirmativo, piden que se les narre detalladamente, con el fin de reforzar ese recuerdo.

"Dígame cómo estaba sentado exactamente. ¿Dónde tenía situados los brazos?, ¿qué sensación tenía en ellos?" "Los sentía muy pesados". "¿Tan pesados como ahora? Cierre los ojos y recuerde la habitación donde sucedió... contemple al terapeuta... escuche su voz... ¿qué le dijo?". Esta es la forma de rehipnotizar al individuo sin que se dé cuenta.

Trance espontáneo

Este método no se basa en el anterior, aunque tenga mucho en común con él. Parte de la idea de que todo el mundo ha vivido, aunque sea inconscientemente, estados de trance cotidianos.

Conversando con un individuo acerca de las situaciones diarias en las que se suele producir espontáneamente un estado similar al trance, el terapeuta no tendrá dificultades para pasar de los comentarios a la realidad e inducir un trance auténtico. Deberá observar las reacciones de su interlocutor, reforzando aquellos elementos que lo conduzcan al estado hipnótico.

Adaptación no-verbal y dirección

Ya he descrito como se crea un rapport armónico y cómo se llega a dirigir a un sujeto tras adaptarse a él. Ese es el método más elegante que existe para inducir un trance sin demasiadas palabras, a veces incluso sin que el individuo se dé cuenta de ello. Solo hay que cumplir un requisito, ser capaz de autohipnotizarse y de regresar a la vigilia en cualquier momento. En el epígrafe titulado "Autohipnosis" trataré este tema.

Ya sabemos que la respiración es uno de los elementos básicos de la relajación. Supongamos que el terapeuta, tras analizar la respiración de su cliente, se adapta a ella. Esto, desde luego, no resulta fácil. Además de ser un gran observador, hay que manejar con soltura la propia respiración, ser capaz de respirar con más rapidez o con más lentitud, o con mayor o menor profundidad. Dicho de otro modo: nuestra respiración debe dejar de ser un proceso espontáneo para convertirse en un proceso controlado.

El terapeuta empleará todo el tiempo que sea necesario, hasta tener la impresión de que conoce perfectamente la respiración del cliente. En ese momento puede empezar a ajustar la suya, por ejemplo retardándola levemente. Si el cliente comienza igualmente a respirar con lentitud, existirá una evidencia de que desea seguir al terapeuta, de que está dispuesto a dejarse dirigir por él.

Hay que proceder con sumo cuidado. Realizar los ajustes con calma, adaptarse y hacerse progresivamente con las riendas de la situación. Llegados a ese punto, el terapeuta podrá iniciar su autoinducción, a un ritmo que pueda ser seguido por su cliente. El rapport ha de mantenerse constante y la autoinducción nunca debe ser tan profunda como para que el terapeuta no pueda regresar al estado consciente en el momento que quiera.

El trance no es más que un medio para realizar ciertas modificaciones, que son lo fundamental del proceso.

La inducción no-verbal puede utilizarse tanto de un modo independiente como acompañando a otros métodos.

El encadenamiento 5-4-3-2-1

Cuando inducimos al trance a un individuo por primera vez, éste suele estar tan pendiente de los acontecimientos externos que no se concentra en lo que está sucediendo. Es preciso centrar su atención en el proceso interior que está viviendo. Una manera eficaz y elegante de conseguirlo es el conocido método de encadenamiento 5-4-3-2-1.

Se comienza por algo simple, algo que el individuo pueda percibir inmediatamente. Por ejemplo haciéndole notar la presión que ejercen sus manos sobre los muslos -algo que es perfectamente natural cuando uno está sentado-. Por descontado que él no reparará en ello hasta que se lo mencionemos. Le diremos: "notas la presión de tus manos sobre los muslos" y entonces -esto es lo decisivo- constatará que es cierto. Hablamos de la presión, la presión puede ser verificada, todo es tal y como lo presentamos.

Varias afirmaciones similares convencerán gradualmente al sujeto de que puede confiar en nosotros. No es en absoluto necesario que la convicción sea consciente. Tras comprobar varias veces que sus sentidos corroboran nuestras palabras, se sentirá impelido a darle crédito a cualquier afirmación no verificable que hagamos con tal de que esté relacionada con su experiencia interior.

Frases como las siguientes: "cada vez te sientes mejor... disfruta de esta sensación de calma... tu relajación se hace más profunda...", poseen la propiedad de dirigir la atención del sujeto hacia su mundo interior, con lo que más tarde o más temprano caerá en trance.

Palabras como "y", "mientras", "si", "entonces", son buenas formas de conectar las afirmaciones verificables con las no verificables. Un engarce particularmente eficaz consiste en que una afirmación "origine", "cause" o "permita" la siguiente.

Las afirmaciones verificables forman parte del proceso de adaptación; las que poseen una orientación interna, en cambio, son muy adecuadas para profundizar el trance. El procedimiento es el siguiente: efectuar en primer lugar cuatro afirmaciones verificables. Acto seguido, introducir una afirmación no verificable, esto es, que no pueda ser validada por los sentidos de nuestro interlocutor. Continuamos con tres afirmaciones verificables y otras dos no verificables o de orientación interna, dos verificables y tres no verificables, y finalmente, una verificable y cuatro no verificables.

Un ejemplo podría ser el que sigue: "contemplas el cuadro que hay en la pared, oyes mi voz, notas la presión de tus manos sobre los muslos, los pies en el suelo, vas sintiéndote cada vez más relajado... Has cerrado los ojos, tu respiración es tranquila y regular, al escuchar la música desfilan por tu mente recuerdos muy agradables que te sumergen en un trance cada vez más hondo..." Y así sucesivamente, si es necesario. La relación no siempre ha de ser estrictamente 4:1, 3:2, 2:3 y 1:4. Lo básico es ir sustituyendo progresivamente las afirmaciones verificables por las no verificables.

Palanca inductiva e interrupción de conductas automáticas

La actitud ante el trance, y más aún ante el término hipnosis de muchos asistentes a mis seminarios es bastante controvertida. Por una parte se sienten fascinados por sus posibilidades y por otra rehuyen lo desconocido.

En los seminarios sobre entrenamiento autógeno, ya en la primera clase suelo mencionar que el método no es otra cosa que una especie de autohipnosis. No obstante, sabiendo como sé que la palabra hipnosis puede suscitar angustia en más de uno, añado casi siempre que las técnicas del entrenamiento autógeno poseen una base científica. De este modo, ciertos participantes olvidan sus prejuicios, dejan de pensar que el entrenamiento autógeno está conectado con la hipnosis.

En todos los cursos se llega al instante en que algún asistente desea ser hipnotizado. ¡Cual no será la sorpresa de muchos participantes cuando les señalo que llevan ya tiempo poniéndose en trance ellos mismos. A raíz de estas experiencias, medité sobre la conveniencia de inducir unos trances con fines demostrativos, y llegué a la conclusión de que una demostración inofensiva podía aumentar la fe en el potencial ilimitado del ser humano. Por ello, en la actualidad suelo prestarme algo más a esta clase de cosas, a condición de conocer bien al candidato de que se trate.

La técnica de la palanca inductiva impresiona bastante en estas situaciones. No presenta demasiadas dificultades, porque cuando llega el momento ya he tenido la oportunidad de observar durante cierto tiempo a los asistentes y de conocer sus reacciones. Esto no disminuye el hecho de que esta técnica sea igualmente efectiva cuando no se conoce a los individuos. El secreto consiste en exponer al sujeto a una situación inhabitual, interrumpiendo así su estado de conciencia.

"Me gustaría que me hipnotizaran alguna vez", dijo la señora B. durante el sexto día de curso, mirándome con expresión expectante. Yo ya lo había previsto, y le sonreí. "Bien, Vd. ya sabe cómo es el estado de trance. Durante nuestro último ejercicio estaba Vd. tan lejos que apenas si percibía mi voz. ¿Quiere que le ayude a regresar a ese sueño plácido y profundo? Entonces..." Me levanté y me situé a su lado.

"¿Me permite que la coja del brazo?". Sin esperar la respuesta, le sujeté la muñeca con mi mano derecha y el codo con la izquierda. Levanté su brazo y lo sacudí ligeramente. "Ese estado maravilloso... la calma... esa sensación de protección... y su brazo se apoya en el mío... completamente seguro... Vd. se siente segura y protegida... su brazo se mantiene flotando en el aire... igualmente puede subir o bajar... Vd. también puede sentirse muy ligera, o dejarse caer... como su brazo...

que ahora flota por sí solo... tómese el tiempo que quiera para desplazarse, flotando, hacia algún lugar... donde haya sosiego... Vd. conoce ese tranquilo lugar... donde puede recobrar las fuerzas... donde quizás experimente algo que posea un profundo sentido... algo que conteste a sus preguntas... entretanto su brazo permanece quieto como un ancla... pero Vd. sabe que puede moverlo cuando quiera... también puede dejarle la iniciativa a su inconsciente...

Mientras pronunciaba estas palabras, de una forma monótona y con muchas pausas, retiré una mano y, al darme cuenta de que el brazo de la mujer se sostenía en el aire, hice lo mismo con la otra. El contenido de lo que yo estaba diciendo era secundario, solo tenían importancia ciertas palabras y expresiones: calma, protección, seguridad, Vd. puede, lugar tranquilo, flotar, recobrar las fuerzas...

La cogí nuevamente del brazo y, sacudiéndoselo levemente -acción que ella no esperaba-, puse a la candidata en una situación imprevista. Mis palabras habían hecho brotar en ella una serie de imágenes interiores. Yo sabía que poseía una fantasía desbordante, que las visiones acudían a su mente inmediatamente después de cerrar los ojos. Podía yo, en consecuencia, utilizar expresiones muy generales. El atractivo de sus visiones desviaba su atención del brazo, que se quedó suspendido en el aire en un estado cataléptico, rígido. Como yo no podía estar seguro de antemano de que esto iba a ocurrir, le había ofrecido dos opciones: que lo bajara o que lo mantuviera flotando. En caso de que lo hubiera bajado, habría adaptado mis sugestiones a esa circunstancia.

Milton H. Erickson fue un maestro tanto en la técnica de la palanca inductiva como en la interrupción de una conducta automática. A él se deben la mayoría de los procedimientos que he descrito hasta ahora. La interrupción de un acto automático se basa en el hecho de que muchas de nuestras acciones cotidianas se desarrollan del mismo modo estereotipado e invariable.

Estrecharse la mano, encender un cigarrillo, conectar el televisor, hacer un nudo, son cosas que realizamos automáticamente.

Si le tiendo la mano a otro, la cogerá sin pensárselo demasiado. Es un proceso que cualquier adulto ha ejecutado miles de veces de la misma manera. Pero ¿qué ocurriría si en el último momento retiro mi mano y, cogiendo a mi interlocutor por la muñeca, levanto su brazo suavemente? Se produciría una interrupción del proceso automático que generaría confusión y que en determinados casos incluso podría llegar a provocar el trance.

Por regla general, la confusión no dura mucho. Hay que contar con que el individuo reaccionará rápidamente y con enojo si le damos tiempo para ello. En lugar de permitirle que se sobreponga a su desconcierto, le transmitiremos determinadas instrucciones que lo impelan a seguirnos la corriente.

La instrucción podría ser esta: "baje el brazo lentamente.. mientras lo hace va Vd. cayendo en un trance profundo..." Si lo ejecutamos correctamente, el sujeto dará realmente el paso y el trance será para él una oportunidad de superar la confusión.

Erickson empleaba también el apretón de manos de la manera siguiente: cogía la mano que se le tendía, pero no la soltaba enseguida sino que continuaba sujetándola ligeramente. Movía entonces los dedos con suavidad, rozando la mano del otro, con un dedo y con otro, alternativamente, empujando la mano hacia arriba de una forma casi imperceptible, después hacia abajo, con movimientos apenas esbozados. En un momento dado soltaba la mano de su interlocutor con mucha delicadeza y ésta se quedaba rígida, suspendida en el aire y en la misma posición en que la dejaba.

Los leves roces de los dedos tenían la misión de capturar la atención del otro, sin llegar a ser lo bastante intensos como para provocar una reacción. Este procedimiento, al igual que todos los demás, no se puede aplicar indiscriminadamente, a cualquier persona y en cualquier momento.

El modelo Milton

Los políticos son hipnotizadores natos. ¿Has reparado alguna vez en esas entrevistas concedidas por políticos que no tienen nada que decir o que no quieren decir nada? "Propondremos un debate sobre las alternativas existentes... Habrá que tomar una decisión... las reglamentaciones al respecto son insuficientes... el consenso está cerca... en caso de que las negociaciones no den un resultado consistente... conversaciones constructivas... círculos bien informados... hemos dado un paso en la buena dirección... logro histórico... tenemos que aumentar los esfuerzos... necesidad de intervención...".

Sustantivos y más sustantivos... que no significan nada para nadie, o mejor dicho, que permiten que cada cual interprete lo que quiera. La mayoría de los oyentes no entenderá nada. Muchos dejarán vagar su pensamiento, cayendo en una especie de trance, hasta que surja algo de interés, una imagen, un acontecimiento, una sensación...

Milton H. Erickson practicaba conscientemente lo que muchos políticos hacen posiblemente de un modo inconsciente. Fue, desde luego, un maestro del lenguaje hipnótico. En su honor, los patrones lingüísticos que manejó llevan el nombre de modelo Milton.

Las particularidades lingüísticas de una comunicación hipnótica eficaz, además de servir para inducir un trance con el que se pretende modificar una conducta, son un instrumento igualmente útil en las situaciones cotidianas, especialmente en el ámbito de los negocios. Voy a ilustrar algunas de sus diversas aplicaciones mediante unos ejemplos.

El primer patrón lingüístico del modelo Milton, que es tan difuso como el lenguaje de los políticos, se denomina la *nominalización* y consiste en emplear el mayor número posible de sustantivos abstractos. No se pretende ocultar o encubrir algo al aplicarlo, sino brindarle al individuo la posibilidad de que encuentre en su interior un significado apropiado para aquello que se omite o no se expresa claramente. Las afirmaciones suenan como mensajes precisos, pero en realidad son genéricos e indeterminados. "Cada persona posee un potencial latente. Su inconsciente conoce ese potencial y es capaz de descubrir cómo se pueden producir cambios en su vida, de manera que Vd. supere sus problemas. El conocimiento de las causas, las interrelaciones y las soluciones, se acrecentará por medio del trance profundo, cuando su inconsciente busque en su pasado, su presente y su futuro".

Cada cual interpretará lo anterior de una manera. No es extraño, puesto que falta el contenido, lo concreto. Todo es indefinido y uno no sabe muy bien qué hacer con ello. Precisamente eso es lo que se pretende al ofrecérselo a alguien que no desea resolver sus problemas mediante el razonamiento y la reflexión, sino a través del inconsciente, puntualizando: a aquel que no sabe resolver sus problemas mediante el razonamiento y la reflexión, porque es evidente que quienes saben no visitan a los terapeutas.

Un orador que emplee constantemente la sustantivación correrá el riesgo de que sus oyentes se duerman o entren en trance, en otro estado de conciencia. Esto es justamente lo que se persigue con la inducción. Lo que designan las nominalizaciones no se puede tocar, ni sentir, ni oír ni ver. Son tan escasamente concretas que jamás proponen nada que esté en desacuerdo con la experiencia interior del individuo.

Recuerda lo anterior la próxima vez que, durante un diálogo comercial, un representante te diga: "le daremos todo tipo de facilidades". A ti se te ocurrirán algunas ideas acerca de en qué deberían consistir esas facilidades, pero puede que el representante piense en cosas muy distintas.

El uso de verbos indefinidos también es útil a la hora de expresarse difusamente y suministrarle a nuestro interlocutor un margen para que active su espacio interior. Verbos inespecíficos son: vivenciar, comprender, sentir, solucionar, aprender.

Idéntica función cumplen los términos y expresiones indeterminados de cantidad y tiempo, como: pronto, próximamente, frecuente, extraño, dentro de poco, mucho, regular, poco, más tarde o más temprano. Resultan muy apropiados para cualquier clase de inducción. "Su mano se cerrará más tarde o más temprano..." La mano puede cerrarse inmediatamente después de la sugestión o tardar algún tiempo; la fórmula "más tarde o más temprano" no impone ningún límite, con lo que favorece la libre traducción física del hecho sugerido.

Los enlaces constituyen otra pauta lingüística y funcionan de manera parecida al método inductivo del 5-4-3-2-1, donde como sabemos, se utilizan afirmaciones verificables con objeto de ir introduciendo otras no verificables. Para crear un enlace lingüístico han de emplearse nexos, palabras que tiendan un puente entre lo que ya existe y la situación buscada, invitando al oyente a reaccionar como si realmente una cosa diera lugar a la otra.

Los enlaces no lingüísticos forman parte de nuestra experiencia corriente. La expresión "Kleider machen Leute" (La indumentaria hace a la persona) es un ejemplo. Es un hecho que cuando las personas van bien vestidas nos inclinamos a pensar que son eficientes y trabajadoras. Tampoco nos extrañamos cuando contemplamos a un individuo obeso comiendo golosamente, una cosa parece conectada con la otra.

Lo mismo sucede en el plano lingüístico, con la única salvedad de que se trata de enlazar un hecho con la reacción que pretendemos provocar. La sencilla conjunción "y" puede ser suficiente. "Está Vd. oyendo mi voz y sus párpados le pesan cada vez más y se sumerge en una relajación cada vez más profunda y maravillosa..."

La "y" produce una transición fluida y el individuo, de forma inconsciente, reacciona tal como se le ha sugerido.

Hay otras expresiones que muchas veces son más eficientes que "y": si, cuando, al, mientras, provocar, causar... "Mientras se concentra en mi voz, puede Vd. entrar en un trance profundo...".

Ahora le toca el turno a unas pautas comunicativas sumamente eficaces, las suposiciones. "De postre, ¿prefiere Vd. flan o helado?" pregunta el avispado camarero. ¿Le suena la pregunta? Sólo un individuo muy seguro de sí mismo se atrevería a contestar: "no, no quiero nada". El camarero ofrece dos caminos, dando por sentado, o suponiendo, que el cliente tomará algo como postre. Las opciones son solo aparentes. Quien opta por una de ellas, reacciona justamente de la forma esperada. Las suposiciones limitan la libertad del sujeto.

Las suposiciones resultan muy útiles en la educación de los niños. "Te lavas los dientes ¿antes o después de ducharte?" Se sobreentiende que el niño hará ambas cosas, lo único discutible es el orden. Un ejemplo más, esta vez del terreno comercial: "quisiera comentarle algo antes de que Vd. termine con ese proyecto". Se presupone que el individuo llevará a cabo el proyecto. "Tomemos un té antes de que escoja el modelo que más le conviene", o bien: "¿quiere tomar un café antes de escoger el modelo más conveniente?". La pregunta centra la atención del cliente en el hecho de si desea tomar algo, presuponiendo a la vez que elegirá un modelo.

"¿Prefiere estar sentado o echado antes de entrar en trance?". Parece fuera de toda duda que el sujeto entrará en trance, pero se le permite que escoja entre hacerlo de una forma u otra. Una vez que el inconsciente acepta que vamos a entrar en trance, solo es necesario sentarse o echarse para que, en cuanto el hipnotizador nos lo pida, ocurra.

En otro tipo de suposición se dice: "quizás sea el brazo izquierdo o quizás el derecho el que comience a pesarle". Se asegura que los brazos se tornarán pesados, lo único incierto es cuál será el primero.

Las pautas comunicativas que siguen resultan muy prácticas cuando necesitamos que las instrucciones pasen inadvertidas.

Las órdenes ocultas son aquellas que se dan mezcladas con otras más directas dentro de una frase extensa, de tal forma que el oyente no las perciba conscientemente: "mientras descansa ahí echado y siente como sus brazos y sus piernas se hacen cada vez más pesados, Vd. se va relajando".

Para aumentar la eficacia de las órdenes ocultas podemos recurrir a la acentuación analógica. La instrucción que importa se acentúa, a ser posible de manera que el oyente solo la perciba inconscientemente. Se puede variar la voz, subir o bajar su volumen, hablar más pausadamente, subrayar las palabras con determinados gestos, etc. Así se refuerzan las órdenes ocultas.

¿Hace tiempo que deseas decirle ciertas cosas a tu jefe pero no te atreves? Hay un modo de resolver el problema: utilizando las citas. "¡Hay que ver lo que me acaba de ocurrir! Iba yo por la calle tranquilamente y se me acerca un tipo y me dice: ¡imbécil, que eres un imbécil! No he sabido qué responder". Tras oír esta historia, tu jefe no podrá reprocharte nada. Te habrás desembarazado de tus sentimientos agresivos llamándole imbécil, el habrá comprendido por vía inconsciente y no obstante, no podrá pedirte explicaciones porque tus palabras no habrán sido más que una cita.

El chiste siguiente también se basa en la cita. "La señora Huber visita el zoológico. Meditabunda ante una jaula, le comenta al guardián: ¿qué dirían estos leones si supieran hablar? Este le contesta: dirían ¡somos tigres, vieja chota!".

Las órdenes no siempre tienen que ser afirmaciones positivas. Las ordenes negativas son especialmente eficaces con aquellas personas que siempre están "en contra". Su eficiencia radica en que no es posible "dejar de percibir" algo. Examinando la frase "no pienses en un gato", nos daremos cuenta de que para no pensar en un gato primero tendremos que pensar en él.

Cualquiera puede utilizar la autohipnosis

Fue ya el catedrático J.H. Schultz quien, al desarrollar la técnica del entrenamiento autógeno, reparó en la trascendencia que la autohipnosis tenía para los pacientes, allá por los años treinta. El paciente que entra en trance por propia voluntad es independiente del terapeuta, puede relajarse cuando lo desee y hasta cierto punto, establecer contacto con su inconsciente.

Yo experimenté mi primera autohipnosis siendo muy joven, durante una misa de Nochebuena. La iglesia se hallaba abarrotada y yo no entendía las palabras del sacerdote; las llamas de las velas bailaban en el gran árbol de Navidad, atrayendo mi mirada sin que yo pudiera remediarlo. En un momento dado, con la vista clavada en la vela más cercana, caí en trance. Más tarde mi madre me empujó, abrí los ojos y vi que todo el mundo se estaba poniendo de pie, arrastrándome a mí también, aunque hubiese preferido continuar mirando la llama.

No recuerdo las maravillosas imágenes que debieron desfilar ante mi ojo interior, de lo único que me acuerdo es de que estuve en trance.

Fijar la vista en la llama de una vela es una forma sencilla y eficaz de provocar un trance. Si quieres intentarlo, siéntate en el suelo con las piernas cruzadas, coloca una vela encendida a una distancia de dos o tres metros y mírala sin forzar la vista. Al cabo de un rato tus ojos se fatigarán, comenzarán a arder y parpadearán una y otra vez. Ciérralos entonces y disfruta de la agradable relajación que se apodera de tu cuerpo. Quizás tu ojo interior contemple la vela en posición invertida; respira calmadamente, con regularidad; siente la pesadez de tu cuerpo, su serenidad. Sean cuales fueren las imágenes que veas, limítate a mirarlas y permítete caer en un trance cada vez más y más profundo.

Insisto en que no es nada extraordinario caer en un trance espontáneo. Los adultos también experimentan estos estados con cierta frecuencia, ¿qué otra cosa sucede cuando recorremos un tramo recto y monótono en una autopista? Todo el mundo ha vivido situaciones en las que los ojos se fatigan gradualmente, hasta llegar a uno de esos peligrosos momentos de sueño que solo duran unos segundos. A veces también ocurre que, al cabo de recorrer varios kilómetros en una carretera que nos resulta familiar, nos damos cuenta de que hemos sobrepasado la salida que buscábamos. Las conferencias aburridas o las situaciones cargadas de ruido e imágenes también inducen al trance.

Las formas de autoinducción son muy numerosas. La más conocida e investigada es el entrenamiento autógeno.

¿Serías capaz de realizar ciertos ejercicios con regularidad? ¿Tardan mucho en verse los resultados? ¿Eres de esas personas que acuden al terapeuta y le dicen: "quiero relajarme, ¡pero ha de ser rápidamente!". Tan solo los ejercicios insistentes pueden crear la base requerida para que, a largo plazo, podamos convivir con nosotros mismos, calmada y sosegadamente, y contemplar las cosas bajo otra luz.

Otra cosa que se puede hacer es pedirle a un terapeuta experimentado que nos induzca hacia el trance y más tarde, repetir por nuestra cuenta el procedimiento. Un buen consejero, además de hacer que te relajes rápidamente, te observará minuciosamente, se percatará del momento en que comienzas a parpadear, de que tu sangre fluye hacia tu rostro, de que respiras más profundamente, de que tus dedos repiten ciertos movimientos -los denominado movimientos ideomotores-, etc.

Semejantes observaciones pueden servirte posteriormente, a modo de interruptores para autohipnotizarte. Supongamos que conoces el hecho de que tu respiración se torna más profunda durante la transición al estado de trance. En consecuencia, cuando desees caer en trance, bastará con que inspires y expires de un modo lento y hondo, a conciencia, varias veces. La respiración profunda surtirá un efecto de arranque, de encendido inicial, y te permitirá alcanzar sin demasiados problemas un estado de conciencia alterada.

La misión del terapeuta consiste en convertirse en tu "espejo", en advertir tus cambios fisiológicos e informarte acerca de ellos. Por tu parte, deberás aplicar estas informaciones con el fin de reproducir sin ayuda esas características típicas.

Existen muchas técnicas de autohipnosis, pero lo esencial es crearse un ancla que facilite la alteración de la conciencia y que te permita cambiar de un estado a otro en cualquier lugar y en cuestión de segundos. Disponiendo de una cama y de mucho tiempo no es difícil relajarse, pero lo corriente es que no haya ningún lecho cerca cuando necesitamos hacerlo.

La relajación resulta aconsejable en las situaciones más diversas: ante una conversación muy importante, ante una discusión que se avecina, durante un examen, tras un fuerte golpe del destino... Solo quienes sean capaces de olvidarse de todo en cuestión de segundos estarán en condiciones de sacarle todo el jugo a las situaciones.

A través de la hipnosis podemos prepararnos tanto para afrontar el futuro como para asimilar, con la ayuda del inconsciente, cualquier acontecimiento pasado.

El ancla elegido dependerá de las preferencias personales y del canal perceptivo preponderante. Los tipos visuales compondrán una imagen, los auditivos una palabra o una frase y los kinestésicos agruparán tres dedos de la mano o expulsarán el aire lentamente.

Lógicamente el ancla, además de ser la mismas en cada inducción, no debe ser algo que emplees frecuentemente durante la vigilia; piensa en lo que podría ocurrir si, tras oírla casualmente, cayeses en un trance espontáneo. ¡Imagina por un momento las consecuencias!

Hay que tomar otra precaución antes de experimentar con la autohipnosis. A menudo, uno se encuentra tan a gusto que no desea abandonar ese estado de inconsciencia. El hecho en sí no es peligroso, porque tras alcanzar la cima -unos veinte minutos después del comienzo-, los trances comienzan a decrecer lentamente, convirtiéndose en un sueño normal. Lo único que puede pasar es que, transcurridas unas cuantas horas de sueño reparador, despertemos. Pero si no disponemos de tanto tiempo, podemos predeterminar su duración utilizando las sugestiones adecuadas. Bastará con que, inicialmente, le señalemos a nuestro inconsciente que pasados diez minutos deseamos regresar al estado consciente, bien descansados y pletóricos de energía.

Los siguientes métodos de autoinducción dan buenos resultados, pero no es recomendable aplicarlos cuando uno se encuentra en compañía de otras personas, porque incluyen hechos tan sorprendentes como la levitación en el aire.

El primero lo concibió la esposa de Erickson, Betty. Recuerda algo a la técnica del 5-4-3-2-1, con la salvedad de que se emplean a conciencia los tres canales perceptivos. Busca un lugar cómodo y elige un punto al que mirar detenidamente. Puede tratarse de un objeto -mejor si cae sobre él un reflejo de luz- o, sencillamente, de un punto singular situado en la pared, en un cuadro, o donde sea. Comenta lo que ves, por ejemplo: "estoy viendo esa rosa roja, las hojas verdes, el esbelto florero". Prosigue con el canal auditivo, sin dejar de mirar el punto escogido: "oigo la suave música que sale del altavoz, los ruidos de la calle, el zumbido de una mosca". A continuación usa el canal kinestésico: "noto mis manos sobre los muslos, el contacto firme de mis pies con el suelo, el respaldo del sillón tras mi espalda".

Repite el proceso sin dejar de concentrarte en el mismo punto, pero emitiendo solo dos comentarios por cada canal perceptivo. Tal vez repares en los matices del color de la rosa, en el tallo o en las espinas; agudiza el oído y captarás sonidos incluso en la habitación más silenciosa; numerosas sensaciones solo se hacen conscientes cuando las enfocamos deliberadamente.

En caso de que tus ojos aún no se haya cerrado, continúa el ejercicio con un único comentario por canal. Comúnmente, los ojos se fatigan con bastante rapidez. Ciérralo cuando quieras. Por otra parte, cuanto más repitas este ejercicio, más se reducirá el tiempo necesario para entrar en la primera fase del trance.

Para profundizarlo, trata de averiguar qué brazo te resulta menos pesado y sugiérete la idea de que va a elevarse por sí solo. Suponiendo que se trate de tu brazo derecho, la sugestión podría ser: "mi brazo derecho se aligera, tanto que de un momento a otro comenzará a elevarse por sí mismo, ascenderá como una marioneta que pende de un hilo invisible. Capto claramente cómo se levanta progresivamente, va aproximándose a mi rostro con lentitud. Cuando me toque las facciones, caeré en un trance profundo".

Tampoco se debe aplicar el siguiente método en presencia de otras personas. Piensa que te estás contemplando a ti mismo, ahí delante, a unos tres metros de distancia. Imagínate que una figura idéntica a ti, tu doble, brota de tu cuerpo. Examínalo con detalle, siente y escucha las mismas cosas que él. Observa las subidas y bajadas de su pecho al respirar y percibe la sensación que te produce esa respiración profunda, escúchate inhalar y exhalar. Ve pasando análogamente por todos los sistemas perceptivos. Contemplas la imagen, sientes tu cuerpo, escuchas sonidos, explicas mentalmente lo que está sucediendo. "Veo su hombro derecho y noto la tensión muscular. El dolor es intenso...".

Puedes emplear la levitación del brazo para acentuar el trance. Usa las correspondientes sugestiones. Visualiza tu brazo levantándose, coméntalo internamente y añade: "cuando la mano me toque el rostro, caeré en un trance profundo." No es necesario decirlo en voz alta, será suficiente con pensarlo.

Que sigas los métodos que aquí se describe o que te inventes tus propias técnicas carece de importancia.

En cualquier caso, cuantas más veces los pongas en práctica, tanto más rápidamente lograrás pasar de la vigilia al trance. Habrás conseguido crear un formidable instrumento de autocontrol, con el que podrás alterar tu estado de conciencia en unos pocos segundos.

Procedimientos hipnoterapéuticos

El trance nunca es un fin en sí mismo sino la base de un trabajo terapéutico de modificación. Voy a describir dos campos, entre los múltiples y variados que existen, en los que puede resultar muy útil.

El primero son las así llamadas instrucciones de proceso interno. Supongamos que un hombre acude a un terapeuta con un problema específico, éste le pide que lo exponga y más tarde le da un consejo. Si la recomendación es acertada y el cliente está dispuesto a aceptarla, el problema podrá resolverse. Pero ¿qué sucede si dentro del paciente hay algo que genera resistencia y que le impide seguirla?

El terapeuta dispone de la opción de trasladar hacia el cliente la responsabilidad del proceso curativo a través de las instrucciones de proceso interno. No se ocupará del problema en sí mismo sino que le proporcionará una serie de instrucciones vacías e indefinidas a su interlocutor, en consonancia con las pautas lingüísticas del modelo Milton.

Imaginemos que el problema del individuo consiste en que su esposa le ataca constantemente. Diga él lo que diga, ella jamás se muestra satisfecha y sus reacciones son siempre agresivas. Desde el punto de vista de los contenidos, habría que buscar las causas de semejantes reacciones. ¿Qué persigue con su actitud?, ¿cuál es la conducta concreta de su marido que la pone tan furiosa?, ¿qué debería hacer él para que ella no reaccionase así?

De acuerdo con la opción explicada más arriba, el terapeuta ha de establecer contacto con el inconsciente de su cliente hipnotizado: "Vd. comprende las reacciones de su mujer. Su inconsciente, buceando en su pasado común, encontrará el factor responsable de los ataques. Tómese el tiempo necesario. Busque imágenes, voces o sensaciones y hallará una respuesta intuitiva.

Esa respuesta intuitiva puede ser como un sueño, o quizás sea la sabiduría de su yo superior la que le enseñe... aprendiendo desembocará Vd. en la comprensión... tomará conciencia y sabrá cómo comportarse... una región de su interior, o varias, le indicarán qué hacer para conseguir que su mujer reaccione como Vd. desea... podrá sentirse muy bien en el futuro... en todas las situaciones delicadas su inconsciente le dirá lo que tiene que hacer...".

La formulación de las instrucciones es imprecisa, pero el cliente, enterado consciente o inconscientemente del problema, las convertirá en algo capaz de producir un avance. Se pondrá en marcha un proceso inconsciente y enteramente libre, porque las instrucciones no interferirán para nada con los contenidos.

Otro terreno donde el trance puede ser útil es en los procesos de generación de nuevas conductas. Su nombre inglés es New Behaviour Generator.

Muchas personas son conscientes de que algunos de sus comportamientos no resultan adecuados en las situaciones en que se producen, o más aún: resultan perjudiciales. Desearían transformar esas pautas de conducta pero no saben cómo. La técnica siguiente no solo describe el cómo sino que puede ser utilizada para modificar el comportamiento de una manera permanente.

Aquí, como en cualquier otra técnica que se sirva del trance, conviene fijar al inicio de la sesión un código de señales ideomotrices de afirmación o negación, ya que es muy difícil comunicarse verbalmente con un sujeto hipnotizado. Las señales ideomotrices son reacciones corporales inconscientes, como movimientos involuntarios de un dedo, el balanceo de un pie o el cambio de color del rostro.

Puede ser el mismo terapeuta quien proponga una determinada señal, diciendo por ejemplo: "si Vd. levanta su mano derecha estará afirmando y si levanta la izquierda estará negando". El problema radica en que estos códigos no funcionan con todo el mundo. La reacciones son más rápidas y fiables cuando es el cliente mismo quien las elige espontáneamente, pero esto exige una observación muy precisa.

Una vez que el cliente esté hipnotizado, el terapeuta le pedirá que emita la señal afirmativa. Posteriormente se limitará a esperar, sin dejar de observar con atención. Quizás se produzca un parpadeo, un movimiento de los dedo, una aceleración de la respiración o una leve inclinación de la cabeza. Para obtener la señal negativa se utiliza el mismo procedimiento.

En caso de duda habrá que comprobar las señales preguntando algo así: "¿vives en...? Contéstame, por favor". La respuesta le dirá al terapeuta si sus observaciones han sido correctas. Las señales emitidas por el inconsciente no suelen ser fluidas ni regulares, sino más bien bruscas y entrecortadas -estudiar la reacción permite saber si el consciente continúa controlando el impulso.

Hasta aquí los preparativos. Ahora el terapeuta le pedirá al cliente que contemple el comportamiento indeseable de un modo disociado, como si fuese un espectador de una película. También se le puede pedir que oiga voces lejanas. Es básico que haya una separación nítida entre el espectador y la imagen o entre el oyente y las voces.

Lo esencial de la disociación estriba en que el cliente examine tranquilamente una determinada conducta, sin verse invadido por sentimientos desagradables, apremiantes o angustiosos. El terapeuta lo invitará a emitir una señal afirmativa cuando haya acabado de visualizar la conducta indeseable.

El paso siguiente es encontrar un comportamiento que reemplace al obsoleto. En ocasiones el cliente ya sabe qué es lo quiere, pero si no fuera así, debemos dejar que sea él mismo quien lo determine. Casi siempre se puede encontrar algún momento de nuestra vida en el que hayamos reaccionado justamente como desearíamos hacerlo siempre. Si el cliente no encuentra nada, podrá copiar el modelo de alguna otra persona.

Me limitaré a describir el caso más simple, el de un individuo que ya sabe cómo le gustaría comportarse. El terapeuta le pide que visualice una escena en la que sus reacciones estén en consonancia con sus deseos, que la observe con detalle y que decida si realmente le satisface. Tras constatar que emite una señal afirmativa, llega lo más importante. Hay que vivenciar una vez más la nueva conducta, pero esta vez de modo asociado, es decir, plenamente integrado en la situación.

El terapeuta solicita una nueva señal, con el fin de conocer si la conducta reciente resulta satisfactoria o bien existe alguna objeción. Si sucede lo primero, solo falta el último ladrillo, el decisivo, el que apuntalará lo logrado, el puente hacia el futuro. Unicamente se puede hablar de una nueva conducta cuando el inconsciente la asume, de manera que en el porvenir, ante una situación crítica, el individuo reaccione con arreglo a sus deseos. Para ello deberá saber identificar los signos característicos de la situación crítica. El terapeuta solicitará del inconsciente de su cliente una aclaración acerca de cuáles son esas imágenes, palabras, sensaciones, olores, etc, que dispararán automáticamente la nueva conducta. Finalmente, solicitará una nueva señal afirmativa.

No siempre todo resulta tan sencillo como acabo de explicar. No obstante, un terapeuta experto, sensible y creativo, sabrá siempre lo que hacer para que su cliente adquiera la nueva conducta.

Antes de decidirme a exponer el siguiente caso, extraído de la realidad, he meditado largamente. A muchos lectores les parecerá fantástico. Si es ese tu caso, pasa la página y sigue adelante. Ahora bien, yo sé que existen bastantes personas cuya estructura psicológica es similar a la de la protagonista del relato. Para ellas y por motivos de salud mental, siempre será conveniente saber que hay más gente cuyas percepciones no caben en los esquemas habituales.

La mujer contaba así su problema: "con frecuencia, en mitad de una conversación, interrumpo a la gente para decir atropelladamente lo que pasa por mi cabeza".

"Recuerda una situación similar. Mírate a ti misma, a los demás, observa tu conducta como si se tratara de una película".

"Me veo a mí misma entre la gente. Se me ocurre una idea que es como un rayo que me golpea súbitamente. Me siento tan eufórica que tengo que comunicársela inmediatamente a todo el mundo. La idea penetra por la parte derecha de mi cabeza. No me gusta retener lo que pienso, no tengo cajones para guardarlo, ha de salir ipso-facto".

Fue fascinante observar cómo transformó su estado de conciencia en unos segundos. Las imágenes eran parte de su ser, podía disponer de ellas siempre, en cualquier estado, y sus palabras brotaban a borbotones, como de una fuente.

"¿Cómo reaccionan los demás cuando los interrumpes?", le pregunté.

"Tengo una especie de semáforo en el plexo solar. Está en rojo, significa que puedo hablar -siempre cruzo la calle en rojo-. Me miran muy sorprendidos, pero no puedo hacer nada por evitarlo. Mi padre siempre me decía 'qué bien habla mi niña, qué cosas tan inteligentes dice.' Esto lo oigo con el lado izquierdo de mi cerebro. Tengo que hablar enseguida. Normalmente no veo tales imágenes ni oigo ninguna palabra. Me está ocurriendo ahora".

Lo último que dijo había sido una manera de dar a entender que el proceso solía desarrollarse inconscientemente. Cabría suponer que su inconsciente sabría también como corregirlo. No tenía importancia el hecho de que yo no comprendiese todo lo que decía, lo que contaba eran sus procesos internos. Traté de apoyarla todo cuanto pude. "Pregúntale a tu inconsciente qué debes hacer para ser más paciente y esperar a que tus interlocutores hayan terminado de hablar".

"Veo un cristal de roca con muchos cuarzos. Podría encerrar el rayo en un cuarzo, como en un tarro, y mantenerlo ahí mientras quiera".

"¿Tu inconsciente aprueba que en tus futuras conversaciones, en lugar de soltar tus ideas atropelladamente, veas un cristal de roca donde poder almacenarlas?".

"Siempre veo imágenes, también cuando hablo. Ahora estoy contemplando un aparato telegráfico, con una cinta. La idea lo atraviesa. Pita cada vez que llega una idea nueva. Puedo pararlo con solo apretar un interruptor".

"¿Y cómo sabrás cuando quieres hablar y cuando no?".

"Está clarísimo. La luz azul del semáforo significa que puedo accionar el interruptor. La luz roja, por el contrario, me empuja a hablar. Los ojos de los demás me dirán si el semáforo debe cambiar de color, apretaré el interruptor y esperaré. La idea permanecerá almacenada en la cinta telegráfica".

"Ahora regresa a la situación anterior. Estás hablando con otras personas. Observa tu nuevo comportamiento. Los ojos de tus interlocutores te dicen que aún no han terminado de hablar, la luz del semáforo es azul. Accionas el interruptor. Ahora es tu turno, se enciende la luz roja, puedes darle rienda suelta a tus ideas...".

"Sí, los estoy viendo claramente. Mis sensaciones son buenas, los demás se sienten más libres. No noto ninguna presión, no tengo que soltar enseguida la idea. Así será siempre."

No fueron necesarias ni las señales de comunicación ni la experiencia disociada. Mi cliente era toda imágenes, voces, sensaciones, y el terapeuta debía limitarse, si no quería verse inundado él también, al señalar el camino a tomar. Esta es precisamente la ventaja de trabajar con la hipnosis: que no existen procedimientos estereotipados, que es posible ser lo suficientemente flexible como para adaptarse a cualquier tipo de persona.

Solo hay que procurar que el objetivo esté siempre a la vista, seleccionando casi intuitivamente aquella opción que conduzca a la meta con la mayor rapidez y sin generar resistencia en el cliente. Quien haya trabajado alguna vez con una persona como la de este ejemplo, no dudará de que cada ser humano es efectivamente un mundo.

Capítulo VI

Escogiendo el programa adecuado

En los capítulos previos nos hemos familiarizado con lo esencial, con los principios básicos, con el espíritu de lo que ha de ser una comunicación eficiente y una transformación creativa. Conocemos una serie de presuposiciones útiles para comunicarse adecuadamente, sabemos cómo diferenciar entre las diversas maneras de registrar la información, cómo franquear el acceso hacia nuestros interlocutores, cómo reconocer la trascendencia de los anclajes y sabemos también cómo aplicar todo este conocimiento.

Ahora quiero ofrecer algunos programas-estándar de modificación de la conducta que sirven para alcanzar las metas más diversas. Naturalmente, estos "modelos" -así los denominamos- han de adaptarse a cada caso particular, ser flexibles frente a los problemas, las situaciones y las condiciones a que nos enfrentemos. Sin embargo, el esquema es siempre un sólido punto de partida, capaz de garantizar la eficiencia del trabajo independientemente de que deseemos transformar nuestra conducta o la de otros.

El modelo Penetrance

El punto de arranque de este modelo, concebido por el psicólogo alemán Thies Stahl, consiste en formular de un modo definido el objetivo perseguido. Ya insistí a lo largo del segundo capítulo en la importancia de definir bien la meta, y dejé muy claro que lamentarse no sirve de nada.

El joven ejecutivo que acudió a mi consulta se hallaba dando los primeros pasos de su carrera profesional. Contestó a mi pregunta con una formulación negativa: "quisiera dejar de padecer dolor de estómago cuando los demás se muestran agresivos conmigo". El modelo que nos ocupa es muy recomendable para tratar los problemas psicosomáticos, tal como parecía ser el suyo.

Comencé como de costumbre, estableciendo un buen rapport. Resultó bastante sencillo, puesto que mi cliente, al carecer de razones para temer que yo le atacase, se hallaba sorprendentemente relajado.

En lugar de insistir en el problema, traté de empujarlo hacia su objetivo. "Sabe lo que no desea: el dolor de estómago. Pero ¿qué es lo que pretende conseguir, cuál es su meta?".

"Exactamente lo que le he dicho. No quiero sentir molestias cuando alguien me ataque, entre otros motivos porque me impide concentrarme en la defensa."

"¿Quiere decir que no desea sentir nada o únicamente quiere transformar la sensación?".

"Quiero un estómago relajado, libre de presiones y de dolores. Quizás algo blando, cálido, una sensación de bienestar parecida a la que se experimenta tras una comida sencilla. Pero en realidad no se trata solamente del estómago, creo que eso solo es la punta del iceberg. Cuando estoy frente a alguien agresivo siento mucha tensión...".

"Así que lo que Vd. desea es sustituir ese iceberg de tensión por un sentimiento cálido y relajado...". Asintió con la cabeza.

"Exactamente. Antes, cuando no era más que un técnico, me sentía mejor. Solía estar más tranquilo y relajado, mis nervios no estaban bajo constante tensión."

Utilizaba frecuentemente frases negativas y comparaciones. Las comparaciones siempre encierran algo importante. "¿Más tranquilo que... más relajado que...?".

"Más tranquilo que ahora. La verdad es que no sé por qué me critican tanto los demás."

"¿Quiénes son los demás?".

"Principalmente un colega que aspiraba a ser lo que yo soy hoy: asistente de dirección. Me gustaría relajarme sobre todo cuanto estoy en su presencia."

"Así que desea permanecer relajado frente a ese colega suyo. Lo llamaremos simplemente X. ¿Cómo sabrá que ha alcanzado su meta? ¿Ve Vd. algo?". Su mirada se dirigió rápidamente hacia el ángulo superior derecho.

"Lo veo reprochándome un error. Está frío como el hielo".

"Y cuando haya alcanzado su meta, ¿lo verá también frío como el hielo? ¿Qué es exactamente lo que ve frío como el hielo?".

"Sí, él continuará así. Pero no es que yo lo vea frío como el hielo". Su mirada se dirigió hacia la parte inferior derecha. "Es más la sensación de que ese hombre despide frío, incluso mientras sonríe... no, especialmente cuando sonríe".

"Y ¿qué será lo que verá Vd., lo que percibirá cuando haya alcanzado su meta?".

"No veré nada. Tendré una sensación de calor muy agradable, como si me estuviera dando un baño caliente".

"Y ¿qué oirá?".

"Su voz ya no me duele tanto, es más suave. Puedo escucharlo sin que me duela el estómago. Cuando estoy en el baño y siento el agua en el abdomen, me siento bien, a gusto. En ese estado nadie puede hacerme nada".

En ese momento todo su ser reflejaba la fisiología-meta, su respiración era tranquila y sus rasgos faciales se suavizaron. A continuación había que encontrar los recursos necesarios para que pudiera alcanzar la meta ya definida. "¿Cómo podría Vd. convertirse en una persona tranquila y relajada? ¿De qué manera podría Vd. reaccionar calmadamente frente a su colega, como si estuviese en la bañera?".

Parecía haber meditado mucho sobre esta cuestión, porque sonrió y contestó rápidamente: "tendría que ser como mi jefe. A él nada lo altera y todo el mundo le obedece a pesar de que es extremadamente exigente. Es como si irradiara algo que yo no sé describir. Nada malo, desde luego. Me siento muy bien a su lado. Algo me empuja a hacer lo que me dice, y no solo siento que debo hacerlo sino que quiero hacerlo".

"¿Quisiera Vd. tener la misma cualidad que su jefe? ¿desearía Vd. dirigir a los demás y ser una persona equilibrada?".

"Sí, eso es, estar perfectamente equilibrado".

"Póngase en el lugar de su jefe. Imagínese que tiene que sustituirlo durante algún tiempo. Visualícelo, escúchelo hablar, perciba lo que siente, lo que irradia...".

Cayó en un trance leve de un modo espontáneo. "Me siento fuerte, noto una especie de energía en mi estómago. La sensación es extraña, pero positiva. Tengo los pies firmemente asentados en el suelo. Amo a la gente, todo el mundo me cae bien. Mi colega también; se siente decepcionado por no haber conseguido el puesto que deseaba. Le sonrío, es un colaborador eficiente, llegará lejos. Siento como una corriente dentro de mí, algo que fluye por mi cuerpo, un hormigueo...".

"Permanezca en ese estado tanto tiempo como quiera. Siempre se acordará del don que le ha transmitido su jefe y lo tendrá a su disposición siempre que lo necesite. Tome conciencia de lo que ha de hacer para disponer en todo momento de él".

Al cabo de un rato lo saqué del trance. "Acaba Vd. de modelarse sobre el ejemplo de su jefe. Ahora conoce Vd. su potencial. ¿Cómo sabrá cuando debe emplearlo?

Imagínese que está hablando con su colega. ¿Cuál será el momento de activar su nuevo comportamiento?".

"Es muy fácil. Cuando perciba la frialdad de su voz lo miraré amablemente, del mismo modo que miro a quienes me caen bien. Lo abrazaré mentalmente y me sentiré bien".

"¿Cree que su dolor de estómago tenía sentido?".

"No lo creo, o tal vez sí... pretendía advertirme de que alguien deseaba perjudicarme".

"¿Puede existir alguna situación en que su dolor de estómago siga siendo útil?". Asintió.

"Probablemente. Podría avisarme del peligro cuando viajo en el metro".

"¿Toma Vd. el metro a menudo?".

"No, muy pocas veces, pero viajo mucho. Durante los viajes siempre pueden presentarse situaciones peligrosas".

"La imperturbable serenidad de su jefe que acaba Vd. de adoptar, ¿le resultará siempre ventajosa o cree que también puede acarrearle problemas?".

"Quizás mis colegas piensen al principio que me he vuelto débil... hasta que comprendan que no reacciono así por debilidad, sino porque me siento seguro de mí mismo. Tal vez pretendan aprovecharse de mi supuesta debilidad, pero me da igual. Yo deseo ser así, realizaré un esfuerzo suplementario y a largo plazo me encontraré mucho mejor".

Mi cliente se había adelantado a lo que yo iba a preguntar. Es preciso meditar sobre los inconvenientes de los nuevos comportamientos, pues pueden acarrear consecuencias. Es posible que haya que renunciar a ciertas cosas, o prescindir de ciertas personas. Quizás suscitemos reacciones de disgusto, las nuevas conductas no siempre son positivas para todo el mundo. Cuando estemos dispuestos a asumir sus posibles consecuencias el terreno estará listo para que arraiguen y perduren.

Mis últimas preguntas tenían por objeto averiguar si existía alguna situación en la que su vieja conducta podía tener algún sentido; está muy bien ser una persona tranquila, pero ciertas ocasiones requieren reacciones enérgicas. Incluso aquellos comportamientos que a primera vista parecen exclusivamente negativos pueden cumplir una función trascendente en determinadas situaciones.

Al despacho de Thies Stahl acudió una vez un hombre que deseaba librarse de una reacción realmente desagradable: vomitaba repetidamente cada vez que se irritaba. El psicólogo alemán lo liberó efectivamente de los vómitos pero siendo como es un terapeuta experto, hizo que se reservara la opción de vomitar cuando la ocasión lo requiriese. Es sencillo comprender que hay circunstancias en las que se necesita este reflejo, por ejemplo cuando hemos ingerido involuntariamente algún objeto o alguna sustancia tóxica. Nadie habría podido imaginar lo que le sucedería al cliente de Stahl posteriormente. Paseando por un parque de Hamburgo lo asaltó un delincuente, recurrió a su antigua conducta, dirigió su vómito hacia el rostro de su asaltante y no tuvo ningún problema para escapar corriendo.

Pero volvamos a mi ejecutivo. Para concluir le pedí que visualizara una ocasión en la que tuviera oportunidad de aplicar su reciente potencial y que se fijara especialmente en sus procesos internos. ¿Cómo se sentiría al comportarse de un modo tan distinto?, ¿qué vería, oiría o sentiría?

Analicé detenidamente su fisiología mientras se imaginaba la situación con el fin de detectar incongruencias e inseguridades a través de los signos corporales. Yo solo podía estar seguro de que la nueva conducta se había implantado plenamente si volvía a mostrar inequívocamente su fisiología-meta.

Efectivamente, su fisiología-meta, su sonrisa y el fuerte apretón de manos de la despedida me demostraron que el modelo Penetrance había tenido éxito.

El término "Penetrance" refleja, por una parte, el hecho de que al inquirir acerca de un objetivo hay que insistir de una forma penetrante, para definirlo de tal modo que no deje de cumplir ni un solo requisito y, por otra, contiene una referencia al estado de trance en que suelen caer los individuos cuando se buscan los recursos precisos.

En el caso del ejecutivo, tuve que ir alejándome del modelo ideal según lo requerían las circunstancias. Por lo común, es conveniente insistir en la búsqueda de diferentes recursos.

Cambiar la historia personal

El ingeniero F.K., alto empleado de una empresa mediana, acudió a mi despacho porque tenía miedo de hablar en público. Iban a ascenderlo a director, lo cual por un lado le hacía una gran ilusión y por otro lo atemorizaba. La mera idea de hablar frecuentemente ante numerosas personas, incluida entre las obligaciones de su nuevo cargo, le provocaba un estremecimiento.

Durante su anterior etapa profesional había logrado eludir las situaciones comprometidas. En las escasas ocasiones en que había tenido que dar una conferencia sorteó la dificultad leyendo un guión previamente escrito, pero aún así le sudaban las manos y su corazón latía apresuradamente.

Un día tuvo que sustituir al director saliente. Durante una excursión de empresa pronunció un discurso ante todo el personal. Afortunadamente, la mayoría de la audiencia se encontraba algo bebida y, en medio de la algarabía general, casi nadie se percató de su inseguridad. El, no obstante, tomó conciencia de que si quería afianzarse en su nuevo cargo tendría que vencer su miedo.

El temor a hablar en público puede tener muchas causas. Hay que rastrear su origen, pero el miedo no desaparecerá por el hecho de que conozcamos lo que lo produce. A veces puede suceder lo contrario, quien busca demasiado en el pasado recuerda constantemente sus temores y corre el riesgo de potenciarlos.

Es mejor aprender a dominar la angustia de una vez. Existen varios métodos cuya eficacia ha sido comprobada. Se basan, esencialmente, en la idea de debilitar de alguna forma las experiencias negativas que tanto impacto tuvieron sobre el individuo. Mediante este debilitamiento se pretende cambiar la actitud emocional del sujeto.

En mi libro "Hablar y triunfar" describí un método adecuado para vencer estos miedos: el *método del espejo*. En primer lugar hay que visualizar un espejo enmarcado de negro donde el individuo contempla una situación crítica; percibe su angustia, su pulso acelerado, escucha las risas burlonas de la audiencia... Se puede recordar una situación real o construir una nueva a partir de retazos de experiencias diversas. Más tarde el sujeto coge un enorme martillo imaginario y golpea el espejo, rompiéndolo en mil pedazos que se esparcen por el aire. La imagen negativa y angustiosa se habrá hecho trizas.

A continuación hay que realizar el anclaje positivo. El individuo visualiza un hermoso y brillante espejo enmarcado de blanco y se ve a sí mismo reflejado tal como le gustaría ser, tal como efectivamente será, un orador seguro, tranquilo, sereno y convincente, los oyentes lo escuchan con atención, le aplauden, él se siente bien.

El sujeto no deberá volver a pensar en el espejo negro. El blanco, en cambio, tendrá que ser visualizado durante bastantes días.

Este método es una aplicación práctica de las submodalidades y suele dar excelentes resultados, además de permitir que el sujeto pueda trabajar en solitario, prescindiendo del terapeuta.

Quienes prefieran cambiar su historia personal junto a un terapeuta tienen a su disposición otra técnica, rápida y fiable. Se denomina, en inglés, *Change History*, y su finalidad es la neutralización de experiencias problemáticas del pasado para que el sujeto pueda actuar sin coacciones ni limitaciones en el presente.

La mayoría de quienes sufren temor a hablar en público recuerdan con bastante exactitud cuándo y cómo sucedieron los hechos que los asfixian. Solo a veces es preciso redescubrirlos para poder transformarlos.

¿Se puede modificar una experiencia pasada? Desde luego que no. El pasado es una realidad, independientemente de cómo lo definamos, pero su *recuerdo* no es la realidad misma, sino una imagen, un mapa de aquella realidad vivida subjetivamente.

Podemos cambiar el recuerdo modificando nuestra actitud frente a lo sucedido. En el ámbito de nuestra fantasía es posible aclarar lo oscuro, aceptar una desgracia convenciéndonos de que poseía un sentido profundo o concienciarnos de cuanto aprendimos gracias a lo que ocurrió.

Ciertos cuentos de hadas utilizan la metáfora de un espejo mágico que devuelve la juventud a aquellos que se miran en él, aunque sus rostros estén surcados de arrugas. Ese espejo puede convertir la desgracia en dicha, el desconsuelo en alegría, la oscuridad en luz, ofrecernos la otra vertiente de las cosas.

También nosotros podemos, como si dispusiéramos de un espejo mágico, transformar nuestro pasado y al hacerlo ocurrirá un milagro: de repente nos sentiremos libres, los recuerdos más pesados se tornarán ligeros y las nubes más negras se verán inundadas de una luz plateada, como en el refrán inglés: "Every cloud has its silver lining" ("todas las nubes poseen su contorno de plata").

El señor K. deseaba con toda su alma ser capaz de expresarse en público con libertad. No hacía falta que, en principio, me explicase detalladamente su problema; los contenidos no son significativos cuando se aplica esta técnica, porque de lo que se trata es de modificar un *proceso*. No obstante, numerosos pacientes, por un lado, sienten la necesidad de desahogarse y por otro y dado que en la mayoría de las psicoterapias se trabaja con los contenidos, están acostumbrados a narrar sus problemas. Así que, no pudiendo prescindir totalmente de los contenidos y con el fin de establecer un rapport favorable, invité al señor K. a contarme lo que le preocupaba.

"Ahora que me ha contado lo más importante" lo interrumpí súbitamente, "vamos a empezar a crear las condiciones básicas para que supere su temor y se convierta en un orador seguro de sí mismo".

Me senté en posición oblicua con respecto a él y le pedí permiso para tocarle el brazo y la rodilla. Le coloqué primero una mano sobre su rodilla izquierda y más tarde la otra sobre su hombro izquierdo, para comprobar que no experimentaba rechazo alguno. A muchas personas les provoca angustia el contacto físico, con lo que cualquier roce imprevisto empeoraría el rapport e impediría el trabajo transformador. Esto, en nuestro ámbito cultural, afecta especialmente a los contactos entre hombres y más aún cuando se trata de la rodilla.

A mi juicio la rodilla es un punto de anclaje importante. Incluso hay quien especula acerca de la idea de que esta región del cuerpo es el almacén del alma. Desde esta óptica, las dolencias de rodilla son consideradas producto de un gran estrés que consumiría rápidamente los minerales y los oligoelementos que contiene. Tales dolores remiten pronto tras aplicarle un poco de tierra medicinal capaz de reponer las sustancias perdidas. Recuerdo el caso de un famoso piloto de carreras que, resignado ya a abandonar su profesión, se curó radicalmente con este tratamiento. Sea o no cierta la teoría, yo considero que las rodillas constituyen un evidente punto de anclaje para los sentimientos negativos.

Supe que sería factible fondear las anclas en las rodillas de mi cliente porque, al tocarlas previamente, no se había producido ningún cambio fisiológico. Empecé por colocarlo en un trance ligero y a continuación lo conduje hacia la fisiología problemática.

Le pedí que retrocediera mentalmente hasta la situación crítica que había originado su miedo. Como yo no podía saber cuál había sido su experiencia más difícil en este sentido, le concedí entera libertad para elegir. Quizás fuese aquella excursión de empresa que había mencionado, pero también podía ser que tuviera guardado cualquier otro suceso en su memoria inconsciente.

"Retroceda con su fantasía hasta un momento en el que haya sentido miedo a hablar en público, hasta ese suceso que sigue pesándole. El tiempo corre hacia atrás y todo vuelve a ser como entonces. ¿Se ve a sí mismo?, ¿distingue el lugar?, ¿está hablando alguien? ¿Vd. quizás? ¿Oye alguna voz interior?, ¿es suya o de otra persona? ¿Qué siente, algo desacostumbrado o desagradable?, ¿percibe algún olor, algún sabor? Penetre en el suceso con todos sus sentidos..." Mi mano reposaba relajadamente sobre su rodilla, sin ejercer presión. Yo estaba esperando a que llegara al clímax de la situación.

"Busque ahora una palabra o una frase corta que caracterice exactamente la vivencia, un título. Cuando la haya encontrado, dígamela".

Ya creía que la experiencia no podía intensificarse más y me disponía a presionarle con fuerza la rodilla cuando mi cliente susurró: "¡se están riendo de mí!" Yo lo repetí varias veces: "¡se están riendo de mí! ¡se están riendo de mí" mientras le apretaba la rodilla.

Finalmente retiré la mano y le pedí que tensara los músculos de sus manos, que inspirara y expirara profundamente y que abriera los ojos y abandonase el trance. Necesité un buen rato para rescatarlo de su conflictivo estado. Era muy importante para la operación que los dos estados estuviesen nítidamente delimitados.

Más tarde conversé con él acerca de los recursos que tiene cada ser humano a su disposición. "Nuestra vida está llena de altibajos, nunca transcurre de una manera uniforme", le dije. "Atravesamos épocas en las que logramos cuanto nos proponemos y nos sentimos bien, e inmediatamente después siguen otras más o menos prolongadas e intensas en las que nos sentimos en baja forma. Esto es completamente normal. No tenemos más alternativa que aceptarlo. A todo el mundo le sucede lo mismo. Posiblemente no exista ningún modo de evitar las fluctuaciones, lo único que se puede hacer es procurar que los hundimientos no sean demasiado pronunciados.

Pero hablemos de las fases agradables, de las experiencias positivas. Acuérdese de sus éxitos, rememore esa hermosa sensación de que todo evoluciona favorablemente, de satisfacción con uno mismo, ese hormigueo de bienestar que recorre todo su cuerpo.

Si se hubiese sentido así antes, tan confiado y seguro de sí mismo, todo habría sido de otra forma, ¿no cree?" Mi interlocutor asintió con un movimiento de la cabeza.

"Busque ahora los recursos que habría necesitado entonces, halle en su memoria alguna época pasada en la que dispuso de todo ese potencial. Revívala, saboree su éxito... Se está contemplando, tiene las mismas sensaciones físicas, oye lo que la gente dice a su alrededor, lo que Vd. se dice a sí mismo...".

"Sí, fue cuando yo..." Lo interrumpí: "no me lo cuente, no es necesario. Cierre los ojos si lo desea. Revívalo completamente y cuando se encuentre plenamente sumergido en esa grata experiencia caracterícela con una palabra o con una frase corta".

Su fisiología tardó un buen rato en cambiar. De repente una sonrisa iluminó su rostro, "me están aplaudiendo" dijo. En el mismo instante toque su hombro, presionándolo en el mismo momento en que su cara reflejaba una intensa emoción. Su piel había enrojecido y sus hombros se mantenían erguidos. Lo dejé permanecer durante un rato en ese estado.

Después procuré separar una vez más los dos estados. Tras distraerlo mediante una conversación sobre cuestiones intrascendentes, le pedí que cerrara nuevamente los ojos y le rocé la rodilla con objeto de comprobar el funcionamiento del ancla negativa: brotó inmediatamente su fisiología problemática. La interrumpí con unas palabras y, rozándole el hombro, probé el ancla positiva. Su rostro volvió a encenderse. Ambas anclas funcionaban a la perfección, había llegado el momento de colapsarlas.

La operación siguiente no deja de asombrarme cada vez que la ejecuto. Le dije a mi cliente que cerrara los ojos e inicié el juego de las anclas. Le presioné la rodilla y dije lenta y enfáticamente: "se están riendo de mí". Su rostro reflejó enseguida una gran consternación. Acto seguido le presioné el hombro diciendo: "me están aplaudiendo" y una sonrisa feliz se apoderó de sus facciones.

Yo no pretendía provocar un estado y otro alternativamente, con lo que corría el riesgo de reforzar las vivencias sombrías, sino debilitar la experiencia problemática con objeto de que la idea que tenía de ambas cambiase. La meta era conseguir una fisiología mixta mezclando los dos estados.

Lo estuve observando detenidamente mientras combinaba a conciencia las anclas. Reforcé todavía más la confusión entremezclando los distintos elementos de las frases características: "me están riendo" o "se están aplaudiendo de mí".

En última instancia presioné ambas anclas casi a la vez, primero la negativa e inmediatamente la positiva. "Tómese todo el tiempo que necesite hasta que la nueva situación lo satisfaga por completo". Y ocurrió lo que estaba previsto, la fisiología conflictiva desapareció y aunque sus facciones no reflejaban la característica expresión feliz de la fisiología de recursos, al menos presentaban un aspecto que la recordaba. La operación había sido un éxito, habíamos desembocado en una fisiología mixta estable. Le pedí que regresara al estado de vigilia.

En realidad yo no necesitaba conocer el contenido de sus distintos estados de ánimo pero como capté que él deseaba explicármelo, le presté atención. Lo que me dijo fue que, en efecto, la situación conflictiva era la que tuvo lugar el día de la excursión de su empresa, cuando se vio forzado a dirigirse a un nutrido grupo de personas. Supongo que nadie se rió de él. Los empleados de las empresas alemanas están imbuídos de respeto hacia sus superiores, así que tendría que ocurrir algo extraordinario para que se burlasen de un directivo, y dado que éstos no suelen ser oradores natos, el personal tampoco espera oír brillantes discursos. Sin embargo, mi cliente había interpretado como una burla hacia su persona las risas propias de un ambiente animado por el alcohol y se había hecho una idea equivocada.

El origen de su fisiología de recursos fue un discurso que había pronunciado poco tiempo atrás, durante la fiesta de cumpleaños de su mejor amigo. No acababa de entender cómo había podido desenvolverse tan bien. En aquel entonces lo atribuyó al consumo de alcohol pero ahora, al reflexionar, pensó que se debía al sentimiento de seguridad que le producía saberse rodeado de amigos, lo cual no era en absoluto comparable a tener que hablar ante extraños.

Le pregunté si se sentía satisfecho de su "nuevo pasado". Me fijé muy bien en su fisiología cuando me respondió afirmativamente, puesto que la más mínima incongruencia habría significado que el trabajo todavía no había concluido. En ese caso yo le habría propuesto que meditáramos sobre la utilidad que aún podían tener ciertas partes de su vieja conducta.

Pero la combinación de la respuesta afirmativa con su fisiología me convencieron suficientemente. Había llegado el momento de tender un puente hacia el futuro. ¿De qué serviría haber asimilado el pasado si en el futuro volvía a producirse un comportamiento problemático?

"Piense en el futuro" le dije. "Posiblemente sepa ya cuando debe pronunciar el próximo discurso". F.K. asintió. "Imagíneselo. Ahora dispone Vd. de todos los recursos necesarios para tener éxito. Viva por anticipado la experiencia de su éxito. Véase a sí mismo, a su auditorio, note la calma que se desprende de su cuerpo, escúchese hablar, oiga los sonidos que se producen en la sala". Mientras pronunciaba estas palabras activé el ancla positiva y, en cuanto comprendí que realmente disponía de recursos, retiré la mano. Su rostro aparecía relajado, rayando en la serenidad; tenía los hombros ligeramente erguidos y respiraba honda y tranquilamente. Me pareció verlo hablar en público, mantener un excelente contacto visual con una audiencia manifiestamente interesada en oír sus palabras.

Al despedirnos rebosaba confianza y se mostraba muy contento. Días más tarde me telefoneó: había presentado un nuevo proyecto ante un numeroso grupo de colaboradores y los aplausos le confirmaron que lo había conseguido. Le hizo una especial ilusión el comentario de un colega amigo: "¡qué bien has estado! ¿Dónde has aprendido todo eso? ¡No sabía que te expresaras tan bien!".

Cambiar el marco interpretativo (Reframing)

Solo podemos comprender el significado de una experiencia humana conociendo el marco donde se ha producido. "En sí mismo nada es bueno o malo. Es nuestro pensamiento el que califica las cosas" dijo Shakespeare. El significado de un acontecimiento dependerá de cómo lo interpretemos.

¿En qué se distingue un sujeto orientado hacia el éxito de otro inclinado hacia el fracaso? Unicamente en su manera de ver las cosas. ¿En qué grupo estás tú?

Un rasgo esencial de los individuos orientados hacia el éxito es que buscan en ellos mismos las razones de sus logros o de sus fracasos. Cuando tienen éxito, se alegran y tienen conciencia de que fue su propio esfuerzo el que contribuyó decisivamente a obtenerlo, y cuando fracasan, reconocen igualmente su responsabilidad, preguntándose a la vez qué harán para obtener mejores resultados en el futuro.

El sujeto predispuesto hacia el fracaso nunca busca en él mismo las razones de su éxito. Cree que, en el fondo, el éxito es algo a lo que no tiene derecho. "Menos mal que he tenido suerte" se dice, pusilánime, como si el resultado se debiese al azar o a alguna potencia misteriosa. En cambio el fracaso siempre es obra suya, "no sé hacerlo mejor". Si admitimos que el contexto determina el resultado de un suceso, es obvio que el significado variará si cambiamos ese marco interpretativo. La nueva interpretación nos proporcionará la base que necesitamos para reaccionar de un modo distinto, para forjar una nueva conducta. Dicho de otra manera: alterando la interpretación o el significado de un hecho, transformaremos nuestra reacción ante él. A esto se le denomina *Reframing*, que es una de las técnicas esenciales de modificación de la conducta. La traducción literal del término es: "colocar un nuevo marco", lo que en español se correspondería con el verbo "reinterpretar", esto es, ver las cosas desde otro ángulo o variar el punto de vista.

El método reinterpretador más conocido es el denominado *pensamiento positivo*, sobre el que se han escrito infinidad de libros. El pensamiento positivo no es otra cosa que aprender a mirar lo que nos sucede de una manera más positiva, encontrando el sentido profundo de los azares de la vida, dándonos cuenta de las enseñanzas que encierran y tratando de descubrir la cara amable de las cosas.

La anécdota siguiente explica muy bien en qué consiste el reframing.

El nuevo director de una institución educativa para jóvenes problemáticos se disponía a dirigir unas palabras a los muchachos, reunidos a tal efecto en el aula. Al subir por la escalera del podio tropezó y se cayó, y los jóvenes estallaron en un torrente de carcajadas. El director se levantó tranquilamente, se acercó al estrado y comenzó su discurso con estas palabras: 'de esto precisamente quería hablaros. Cualquiera puede caerse, lo importante es saber levantarse".

Ahora voy a poner algunos ejemplos que muestran cómo variar el cariz de un problema alterando la actitud subjetiva con que nos enfrentamos a él.

El reframing de los contenidos

Una joven profesora que participó en uno de mis seminarios tenía casi siempre las manos apoyadas sobre el estómago. Suponiendo que esa postura era el reflejo de algún problema determinado, hablé con ella sobre el asunto. Resultó que desde que había comenzado a impartir clases a un nuevo grupo de alumnos, sufría continuos dolores estomacales.

La ayudé a entrar en trance para averiguar, por medio de su inconsciente, qué o quien le provocaba el dolor. Al cabo de poco rato apareció ante su ojo interior la imagen de uno de sus alumnos. Comprendió súbitamente que ese joven era la causa de su problema.

Era esta una inmejorable oportunidad para aplicar el reframing. "Este alumno me pone enferma" dijo después, cuando conversábamos acerca de sus experiencias con la nueva clase. "Me mira de un modo agresivo e insolente... y diga yo lo que diga, siempre me responde con alguna inconveniencia. No lo aguanto, pensar en él basta para que me duela el estómago, desearía trasladarme a otra clase".

"¿Has pensado en algún momento que la agresiva conducta de ese alumno podría tener un significado muy distinto?" Me miró llena de sorpresa. "¿No cabe la posibilidad de que necesite tu ayuda pero no sabe cómo pedírtela? Tal vez nadie le haya enseñado nunca a pedir ayuda". Su asombro iba en aumento. Se sumió en un leve trance y durante unos segundos pareció ausente. Cuando me miró nuevamente la expresión de sus ojos había cambiado por completo. No dijo nada más en toda la tarde y yo, por mi parte, me guardé bastante de importunarla.

Pasada una semana me dijo que había comentado la experiencia con los alumnos. "Ya no me duele el estómago, me he recuperado. Examiné al muchacho atentamente y me di cuenta de que su áspero comportamiento solo era aparente, una especie de caparazón. Interiormente era muy vulnerable y se sentía desamparado. Tuvimos una conversación larga y fructífera. En su hogar no hacen otra cosa que discutir por cuestiones de dinero. El está ansioso de afecto y ternura, pero no lo encuentra por ninguna parte. Ahora sé que puedo ayudarle".

La operación de reframing había concluido. Es una técnica muy adecuada para los casos en que los individuos se quejan de que alguien les produce cierta reacción: "ese tipo me pone iracundo". La fórmula podría ser: "Y me pone X" Resulta extraño que el sujeto afectado no suela darse cuenta de cuál podría ser el enfoque correcto, mientras que otras personas, ajenas por completo al problema, lo descubren con facilidad.

En otros casos conviene mantener los contenidos, transformando solamente los *contextos*. Esto da buenos resultados cuando el individuo se queja de ser o estar excesivamente X, por ejemplo: estoy demasiado obeso, soy demasiado crédulo, idiota, etc. Semejantes quejas ocultan una comparación de la que se ha omitido el segundo término, el elemento con el que se establece el contraste. Excesivamente obeso... ¿con respecto a quien? ¿Acaso la obesidad es necesariamente negativa? Existen circunstancias en las que ser obeso se considera positivo. El reframing ha de hacerle ver al cliente que su problema puede ser perfectamente aceptable.

El sujeto que entienda que su conducta, o su problema, no es negativo en sí mismo, se sentirá mejor y será capaz de aceptarse tal cual es, con lo que habrá dado el primer paso hacia la transformación.

Continuando con el ejemplo de la obesidad, diré que el hecho de estar grueso solo constituye una dificultad en determinadas circunstancias y con ciertas personas. Han habido épocas y civilizaciones en las que la obesidad femenina se consideraba un signo de belleza y la masculina un signo de riqueza.

Otra forma de cambiar los contextos consiste en utilizar frases como: "más vale ser obeso que delgado".

Las compañías aseguradoras estadounidenses han llegado a la conclusión de que los individuos sobrealimentados están más sanos que los demás; con frecuencia las personas obesas son apacibles y sociables, estables desde el punto de vista anímico y muy perseverantes en el trabajo, y además son muchos los hombres que las prefieren "rellenitas", y en cuanto a ellas, son bastantes las que los prefieren con el vientre abultado.

La *"power-reframing"* o reinterpretación enérgica, que consiste en sustituir la antigua escala de valores por otra nueva, es la forma más aguda de reinterpretar un contenido. Veamos un caso.

Una vez traté a una mujer completamente desconsolada porque su marido la había abandonado. Se quejaba amargamente de que su vida ya no tenía sentido, no le encontraba sabor a nada y se hallaba desesperada. "¿Por qué me habrá abandonado?", preguntó. "¡Para que te vayan bien las cosas de una vez!" le respondí, sobresaltándola. Dándome perfecta cuenta del impacto que le habían ocasionado mis palabras, continué: "reflexiona, ¿tu vida era realmente feliz?". Lo negó con la cabeza. "¿Eras libre para hacer lo que quisieras?, ¿se comportaba él de un modo afectuoso y tierno?". Sus ojos se llenaron de lágrimas. "¿Podías realizarte a su lado o más bien te sentías reprimida?". Permaneció callada. Entonces le dije lo más importante: "¡ahora puedes empezar a vivir como siempre has deseado! Puedes dedicarte a todo aquello que consideres importante; la experiencia puede resultar fascinante. ¡Por fin vas a poder vivir, vivir de verdad!".

Esta power-reframing, que surtió un potente efecto sobre mi cliente, no era más que el comienzo del proceso, el arranque de la terapia. Para seguir adelante ella necesitaba energía, ideas, autoconfianza, todos los recursos que hay que movilizar cuando uno pretende empezar a vivir de otra manera.

La reinterpretación de los contenidos es una herramienta básica en los negocios. "Hijo mío" dijo el gran empresario, "a tu edad yo era peón de albañil". "Estoy orgulloso de ti, papá", le contestó el joven. "Gracias a tu laboriosidad yo no tendré que hacer lo mismo". Es evidente que este chico seguramente llegará a ser un excelente vendedor.

Un requisito indispensable para tener éxito con el reframing de los contenidos es tener aptitudes para enfocar las cosas desde diferentes perspectivas. Naturalmente, todo resultará más sencillo si el terapeuta no está aquejado por el mismo problema que su cliente. Esto me recuerda cierta anécdota oriental: una mujer llevó a su hijo ante el sabio Alí. "Maestro", le dijo, "mi hijo tiene un hábito repugnante, no cesa de comer dátiles desde que se levanta hasta que se acuesta. Si no se los doy grita tan fuerte que sus chillidos llegan hasta el cielo. Dime qué puedo hacer, ¡ayúdame, por favor". El sabio miró al niño con simpatía y contestó: "buena mujer, iros a vuestra casa y regresad mañana, a la misma hora".

Al día siguiente, tal como el sabio le había dicho, la mujer volvió con su hijo. El maestro Alí sentó al niño en sus rodillas y tras conversar amablemente con él le quitó los dátiles de la mano, diciéndole: "hijo mío, acuérdate siempre de la moderación. Hay otras cosas cuyo sabor es delicioso". Con estas palabras dio por concluida su intervención.

La mujer, sorprendida, preguntó: "gran maestro, ¿por qué no le dijiste eso mismo ayer? ¿por qué hemos tenido que recorrer dos veces el mismo camino?". "Buena mujer", contestó Alí, "ayer mis palabras no habría sido convincentes, porque yo mismo acababa de saborear la dulzura de los dátiles".

Las fábulas, los chistes y los cuentos de hadas, contienen abundantes ejemplos susceptibles de ser empleados en el reframing. Los chistes, en particular, se nutren muy a menudo de reinterpretaciones inesperadas. El oyente piensa en una dirección determinada y de pronto, mediante una palabra o una frase, el narrador transforma el marco y todo aparece bajo una luz completamente distinta.

"Todas las cosas poseen tres lados", dijo Karl Valentin, "uno positivo, otro negativo y otro cómico".

El reframing de los procesos

Al aplicar esta técnica, la más utilizada, el terapeuta apenas se ocupa de los contenidos -ni siquiera le hace falta conocerlos-, sino que pone el acento en los procesos. El modelo más conocido es la *reinterpretación en seis etapas* (Six-Step-Reframing).

El trabajo transformador se desarrolla principalmente en el plano inconsciente y con frecuencia se coloca al paciente en trance, aunque no es estrictamente necesario.

La reinterpretación en seis etapas se basa en las presuposiciones explicadas en los capítulos anteriores. Es imprescindible que el cliente esté familiarizado con sus principios.

U., propietario de una empresa mediana, se hallaba al borde del colapso, tanto físico como psíquico. Le ocurría exactamente lo mismo que a tantos otros empresarios cuyas firmas se expanden en pocos años gracias a su dinamismo y a su creatividad. La empresa de U., que contaba con unos quinientos empleados, se había adaptado muy bien a las modernas coyunturas y estaba muy avanzada desde el punto de vista tecnológico. El pensaba que debía seguir ocupándose de todo personalmente; todos los temas pasaban por su mesa y la última palabra, en lo que respecta a la toma de decisiones, era siempre suya. U. no sabía delegar. El problema se iba acentuando a medida que pasaban los años, porque su energía era cada vez más escasa.

Aunque no era necesario -ya he mencionado que la reinterpretación en seis etapas no requiere conocer los contenidos- me informó de todo esto durante las conversaciones previas a la terapia. Lo fundamental es que el terapeuta sepa observar con precisión y sea capaz de crear un rapport armónico, además de ser lo suficientemente flexible para adaptarse tanto a los requerimientos de su cliente como a los del proceso en sí. Su tarea principal consiste en aconsejar al cliente durante el proceso, proponiéndole el procedimiento más adecuado en cada momento y velando para que no omita ningún paso.

Comencé creando las bases necesarias para el trabajo. Conversé con él y le expuse más o menos lo que sigue. "Vd. seguramente sabe que los seres humanos no solo tenemos una consciencia, sino también una zona inconsciente, la cual es responsable, por decirlo así, de muchos de nuestros actos. Piense por ejemplo en lo complejo que es fabricar una hormona, en la cantidad de interacciones que tienen que producirse en nuestro organismo para que la sustancia esté disponible en el lugar y en el instante adecuados y en la dosis justa... Pues bien, los procesos psíquicos son aún más dependientes de nuestro inconsciente que los físicos".

Para transformar una pauta de conducta no basta con intentarlo conscientemente. Tendríamos muy pocos problemas si fuese así, ¡cuántas personas "quisieran" cambiar pero no lo logran pese a su voluntarioso empeño!

Hay regiones de nuestra personalidad que son más poderosas que el consciente. Lo lógico, entonces, es recurrir a ellas cuando deseemos realizar alguna modificación conductual. ¡La clave del éxito es acceder a nuestro inconsciente!

Por otro lado, la experiencia demuestra que siempre existe una intención detrás de cualquier comportamiento humano, por muy extraño que sea. Esa intención puede muy bien ser ecológica, esto es, adecuada, aunque la conducta en sí misma no lo sea. El meollo del asunto está en mantener la intención y, al mismo tiempo, encontrar una pauta de conducta correcta. Al prescindir de un comportamiento obsoleto y reemplazarlo por otro, se debe garantizar que el nuevo siga cumpliendo la finalidad original justificada".

Vi que mi cliente no rechazaba mis palabras, por lo que comencé el proceso transformador propiamente dicho. El primer paso era aclarar cuál era el patrón conductual inadecuado. "Vd. conoce su problema, y sabe también en qué sentido quiere cambiar. Démosle un nombre al comportamiento no deseado. ¿Cómo lo llamaría Vd.?".

"No-delegar".

Para que este modelo dé resultado es preciso establecer un correcta comunicación con el inconsciente, lo cual no es siempre sencillo. Numerosas personas no acaban de entender lo que significa la expresión "adentrarse en uno mismo". Cuando nos enfrentemos a un caso así, lo mejor será colocar al cliente en trance para que se establezca el contacto con el inconsciente.

Este contacto es esencial, porque en la segunda etapa, el cliente tendrá que solicitar la cooperación de su inconsciente, tendrá que preguntarle si está dispuesto a responder de una manera inteligible a las preguntas que se le planteen. Las respuestas pueden llegar por vías muy distintas. Es posible que surja una imagen ante el ojo interno del cliente, o que se sienta algo en una determinada parte del cuerpo, o que una voz interior exprese algo. "Por favor, registre todas las señales que le lleguen. Todo sucederá por sí mismo, Vd. no debe intervenir".

En relación con la pregunta que hay que hacerle al inconsciente, "estás dispuesto a...", en realidad da igual que la contestación sea afirmativa o negativa, puesto que el simple hecho de que haya una reacción indicará que se ha establecido el contacto. En el caso de que rehuse comunicarse a través del consciente hay que suponer que lo hará desde el plano inconsciente.

Pero, lógicamente, nosotros necesitamos algo más que una reacción vaga e indefinida. Para que el contacto tenga sentido, y esto también es aplicable a las relaciones interpersonales, se requieren unas señales concretas que signifiquen "sí" o "no." A la pregunta "¿me amas?" se podría responder mediante el lenguaje, mediante el contacto físico o...

En caso que no hubiese respuesta cabría deducir que se trata de un "no", pero nunca sabremos si nuestra interpretación es correcta. En consecuencia, es preciso que el cliente cree señales ideomotrices para afirmar y negar, proceso que ya vimos en el capítulo V.

U. tardó algún tiempo en contestar. "Noto presión en el estómago". "Dé gracias por haber recibido una señal. Ahora pídale a su inconsciente que le aclare el mensaje, ¿qué significado tiene la presión? Dígale que en caso de que signifique que sí, que la aumente o que la disminuya, pero que lo indique claramente". El hecho de que exista una variación de presión será suficiente para inferir que se ha producido la confirmación inconsciente. En el modelo de seis etapas el terapeuta es un consejero que le sugiere a su cliente ciertos caminos para comunicarse con el inconsciente. Quien debe realizar el trabajo es, evidentemente, el cliente.

Si la información del inconsciente no llega a través de una sensación física sino a través de una imagen, tampoco será difícil encontrar el medio de que funcione como señal ideomotriz: puede oscurecerse o aclararse, agrandarse o empequeñecerse, etc, y si es un sonido puede oírse más alto o más bajo, más dulce o más estridente, etc.

"La presión está aumentando".

"Ya sabe que eso es una afirmación, pídale ahora que le muestre la señal negativa".

"La presión desaparece. No siento nada".

En la tercera etapa hay que descubrir cuál es la intención original de la conducta negativa. "¿Puedes decirme si hay alguna razón escondida tras ese comportamiento indeseable?". Como ya sabemos, la respuesta variará en función del canal perceptivo, visual, kinestésico o auditivo, que prefiera el cliente.

La contestación, en los casos más sencillos, suele ser afirmativa -a veces el cliente identifica súbitamente la naturaleza del móvil-, y cuando no ocurra así, habrá que rastrearla mediante el diálogo, lo cual, por regla general, resulta suficiente.

"Interrogue a su inconsciente sobre las motivaciones positivas que pueda tener el comportamiento que hemos denominado no-delegar".

El inconsciente de quienes participan en mis seminarios suele ser muy cooperativo, debido quizás a que la mayoría de estas personas han aprendido previamente a trabajar con él. En el plano cotidiano la cooperación es mucho más ardua y difícil de lograr. Son muchos los casos en que el inconsciente se niega rotundamente a desvelar sus secretos.

A veces solo se consigue un avance colocando al cliente bajo hipnosis profunda. El terapeuta, en cualquier caso, deberá ser flexible y adaptarse a las necesidades de su interlocutor. No es imprescindible que este último llegue a conocer la intención original de una determinada conducta no deseable, porque quizás su inconsciente tenga buenas razones para no desvelársela. Los individuos dotados de un potente sentido analítico tienden siempre a dudar de todo, a buscarle una explicación lógica a todo, con lo que asfixian cualquier proceso psíquico naciente.

Si finalmente no halla la respuesta a su pregunta, el cliente debería asumir el hecho de que su inconsciente obra así por su bien; un sujeto no tiene por qué ser consciente de todos sus procesos psíquicos internos. Lo que importa, a fin de cuentas, es que se produzca la transformación.

Por fin llegó la respuesta: "la presión está aumentando. Ahora sé...". "No me diga nada", lo interrumpí, "dele las gracias a su inconsciente. Existía un propósito oculto tras su antiguo comportamiento y se ha cumplido".

El cuarto paso consiste en encontrar una nueva conducta que resulte más efectiva y que siga estando en consonancia con el viejo propósito. Esta es la fase crítica del Six-Steps-Reframing, por la creatividad que le exige al sujeto, así que traté de prepararlo convenientemente antes de explicarle cuál sería su nueva tarea. Primero lo ilustré con un ejemplo, extraído de su propio entorno profesional, acerca de cómo sacarle partido al potencial creativo de los seres humanos y más tarde, le mostré de qué modo podía él emplear sus propia creatividad.

"Conoce Vd. la técnica del "brainstorming" ¿verdad?". Yo estaba seguro de que contestaría que sí. Se trata de un método muy conocido que se utiliza principalmente en los sectores económicos. La idea es que varias personas se reúnan y pongan en común sus ideas para resolver algún problema concreto. Todas las sugerencias son posibles, por muy extrañas o aberrantes que parezcan. No deben emitirse valoraciones, porque cualquier discusión interrumpiría el flujo creativo. Concluido el intercambio, se procede a determinar qué ideas son realizables.

"Cualquier individuo creativo sabe que en su interior existe una fuente de la que brotan sus ideas. Quienes están habituados al éxito poseen una llave para abrir la puerta de ese plano y aprovechar sus recursos. Las técnicas para lograrlo son tan simples como efectivas".

Me miró interrogativamente. Continué: "en la mayoría de los casos, lo que mejores resultados produce es la visualización. Relájese, piense que está Vd. en su "región creativa" personal. Puede ser un lugar real o existir tan solo en su imaginación, un lugar en el campo, una cueva, un jardín, lo que Vd. desee. Allí Vd. se siente seguro, protegido, y sabe cómo servirse de su potencial creativo. Quizás vea Vd. algunas representaciones de las secciones que componen su inconsciente. Esté atento a sus impresiones, sensaciones, pensamientos... No le ponga ningún límite a su fantasía.

Incite a la sección inconsciente responsable del comportamiento no-delegar a que colabore con las demás, particularmente con la sección creativa, que es la que tiene que buscar alternativas y pautas de conducta aceptables que no desvirtúen la intención original".

Esta fase requiere que el terapeuta sea muy paciente, los procesos inconscientes no son instantáneos. Finalmente, U. hizo un movimiento afirmativo.

"¿Cuántas alternativas ha encontrado?".

"Cinco".

"Agradezca la información recibida y pídale a su parte creativa que escoja tres, las más adecuadas, aquellas que además de poder aplicarse de una forma sencilla y directa posean más eficacia que la antigua".

"Ya las tengo", contestó muy pronto.

En la fase siguiente, la quinta, el cliente ha de preguntarle a la fracción de su inconsciente responsable de la vieja conducta si está dispuesta a poner a prueba alguna de las nuevas pautas.

Y así, llegamos al umbral de la sexta y última etapa, cuyo objeto es realizar un chequeo ecológico. Como ya he dicho, este modelo parte de la suposición de que el inconsciente humano se compone de distintas secciones con una función específica. ¿Qué pasaría si alguna de las secciones decide adoptar una nueva actitud y otra se opone completamente? Si existiesen objeciones habrá que tomarlas en consideración y tratar de alcanzar un consenso. Tan solo podrá ensayarse una nueva conducta cuando todas las partes implicadas estén de acuerdo.

No hubo dificultades, la parte responsable del nuevo comportamiento estaba conforme y las restantes no plantearon ninguna objeción. Había muchas posibilidades de alcanzar un resultado positivo.

Al abrir los ojos U. me contó lo que había visto. Aunque la primera señal había sido física, el resto de la información apareció en forma visual. No lo interrumpí en ningún momento, porque a decir verdad yo sentía curiosidad por saber si todo había sido como me figuraba.

El móvil oculto de la vieja conducta era evidente: U. era muy competente y experto y, si se ocupaba personalmente de las cosas, se reducían los errores y los resultados estaban a la altura de sus elevadas exigencias.

Las opciones alternativas, por otro lado, eran las siguientes. Primera: transferir mayores responsabilidades a los colaboradores importantes y pasar a controlar únicamente los resultados. Segunda: potenciar el interés personal de los empleados por la empresa, ofreciéndoles algún tipo de participación en los beneficios y tercera: dedicar tiempo a reflexionar sobre cuestiones estratégicas y realizar más labores de planificación, con objeto de asegurar el éxito del negocio a largo plazo.

Quizás le ocurra al lector lo mismo que me sucedió a mí durante bastante tiempo: por más que utilizaba el modelo de las seis etapas, siempre tenía dificultades para recordar el orden de los pasos. Hasta que comprendí que no era necesario ajustarse a un ordenamiento rígido. En realidad, como lo sustancial es que el cliente encuentre la conducta correcta, cuanto más flexibles seamos más sencillo resultará.

Las seis fases no son más que un esquema orientativo para que el terapeuta desarrolle su propia estrategia, sensible e individualizada.

Las seis etapas

Requerimientos previos:

Establecer un rapport armónico, como de costumbre. Asegurarse de que el cliente asume la serie de presuposiciones. Asumir que poseemos un consciente y un inconsciente y que este último se compone de muchas partes, cada una de las cuales es responsable de una labor específica; el inconsciente es sabio y digno de confianza, potente y poderoso. Detrás de una conducta, por muy desagradable que sea, siempre hay una intención origina positiva.

1ª) ¿Qué patrón conductual se pretende transformar?

2ª) Establecer contacto con la pauta responsable del comportamiento X y hacer que el cliente le pregunte a su inconsciente: "¿estás dispuesto a comunicarte conmigo a través del consciente? Indícame una señal que signifique sí y otra que signifique no".

3ª) Separar la intención original del comportamiento. Pregunta: "¿estás dispuesto a revelarme cuál es la motivación positiva de la conducta?".

Si la respuesta es afirmativa: "Por favor, comunícamela". Si la respuesta es negativa, respetarla y seguir adelante.

4ª) Buscar opciones alternativas. Pregunta (dirigida a la sección inconsciente responsable de la vieja conducta): "¿estás dispuesta a colaborar con las restantes secciones para buscar un nuevo comportamiento que, además de satisfacer la motivación original, resulte más eficaz y agradable que el antiguo?". Si la respuesta es negativa: "¿cuáles son tus condiciones?". Si la respuesta es afirmativa: "elige las tres alternativas más adecuadas entre todas las posibles".

5ª) Asegurar la adopción de la nueva conducta. Pregunta: "¿estás dispuesto a probar la nueva conducta durante un periodo determinado?". Si la respuesta es negativa: "¿bajo qué condiciones?". Si la respuesta es positiva: "Gracias". Visualizar una situación futura donde la nueva conducta sea aplicable.

6ª) Comprobación ecológica. Pregunta: "¿Hay alguna parte inconsciente de las que están implicadas en la ejecución del nuevo comportamiento que plantee objeciones?". Si la respuesta es negativa concluirá la sesión. Si la respuesta es afirmativa: buscar opciones que no generen resistencia.

El **modelo de la negociación** es otra aplicación del reframing de los procesos. Con esta técnica se puede tratar un problema muy común: la interferencia entre regiones inconscientes. "Quiero levantarme temprano, pero cuanto más lo intento menos lo consigo" o "sé que debo hacer la declaración de la renta, pero cuanto más apremiado me siento más ganas tengo de salir a dar un paseo y tomar el sol", todo el mundo conoce estas situaciones. Una parte de nosotros quiere una cosa, la otra justamente lo contrario, se producen perturbaciones entre partes y los resultados no son nada satisfactorios.

Cada una de ellas tendrá, sin duda, una justificación adecuada. Una sección defiende que el trabajo es necesario, la otra opina que pasear es bueno para la salud. Ambas pretensiones son correctas pero, desafortunadamente para nosotros, son incompatibles y nos producen una sensación de frustración, de fracaso.

La finalidad del modelo, que también es aplicable a las negociaciones interpersonales, es que cada una de las secciones involucradas explique la finalidad positiva que persigue y que todas ellas entiendan que solo existe un modo de lograr su propósito: dejar de obstaculizarse mutuamente.

Los individuos que consigan que sus partes enfrentadas cooperen se sentirán bastante mejor y obtendrán mayores rendimientos con idéntica cantidad de energía.

Encontramos abundantes ejemplos de interferencias entre secciones inconscientes en las perturbaciones del sueño, en los problemas de impotencia o en la denominada fiebre de candilejas.

En este, como en prácticamente todos los modelos del reframing, hay que distinguir entre la intención o móvil y la conducta. Es insoslayable respetar la finalidad positiva que anima a cada una de las partes. A partir de aquí pueden entablarse negociaciones destinadas a alcanzar el consenso. Se le propone a cada sección que respete las competencias de las demás a cambio de no encontrar impedimento alguno en el cumplimiento de sus propios propósitos. Normalmente el consenso es posible. También aquí sería conveniente fijar un periodo de prueba.

Cuando todas las objeciones hayan sido barridas habrá llegado el momento de tender un puente hacia el futuro. Se visualizan futuras situaciones donde todas las partes tengan que cooperar y se comprueba que actúen sin interferencias.

El trabajo del terapeuta consiste, primero, en anclar las secciones enfrentadas a través de una palabra de referencia y después, en estimular el proceso negociador con toda la delicadeza y sensibilidad de que sea capaz.

El proceso negociador, como ya se sabe, se apoyará en uno o en varios planos perceptivos, imágenes, voces interiores o sensaciones físicas.

Los resultados de las negociaciones pueden variar bastante, con arreglo a las circunstancias de cada caso. Supongamos que una sección inconsciente desea seguir una dieta sana mientras que a otra solo le apetecen las golosinas. ¿Cómo se alcanzaría el consenso? Por ejemplo, permitiendo que el sujeto ingiera con deleite una cierta cantidad de dulces a cambio de que el resto de su alimentación siga los cánones de la salud, o de cualquier otra manera. Siempre es fascinante observar la gran cantidad de ideas creativas que pueden surgir del inconsciente.

En el epígrafe "Las múltiples dimensiones de la mente", del capítulo II, puse un ejemplo práctico sobre la forma de aplicar esta técnica, alcanzando un consenso ecológico fundamentado en el respeto a todas las partes.

Para concluir y a modo de respiro tras tantas y tan complejas explicaciones, he aquí una lista de ejemplos sobre la forma de reinterpretar eficientemente ciertas situaciones:

1º) *Queja:* "mi jefe no cesa de criticarme. Tengo la sensación de que le caigo mal".
Reinterpretación: "comprendo que tenga esa sensación, pero la conducta de su jefe puede ser también un acicate para que Vd. mejore. Posiblemente sea esa la razón de que se fije tanto en su trabajo. Su jefe lo tiene en muy alta estima".

2ª) *Queja:* "me siento fatal, ¡tengo tantos problemas!".
Reinterpretación: "sí, a Vd. le ocurre lo mismo que a tantas otras personas que, antes de poder gozar del éxito, han de vencer los numerosos obstáculos que la vida les pone delante. Los problemas son una oportunidad para

mostrar lo que hay en nuestro interior, lo que somos capaces de hacer".

3ª) *Queja:* "No consigo dejar de comer chocolate. Sé que es una debilidad, los psicólogos dicen que se obra así porque no se recibe todo el afecto necesario, ¡por falta de amor! Y además, ¡el chocolate engorda!".

Reinterpretación: "es cierto. Quienes se atiborran de chocolate, además de engordar, demuestran su debilidad. En cambio, quienes saben disfrutar de él conscientemente y lo consumen con moderación no engordan, y se demuestran a sí mismos su fortaleza; fuerte es aquel que parte una tableta en cuatro trozos e ingiere solamente uno".

4ª) Un chico se rompe un diente y su hermana le dice: "¡pobrecito, los demás se van a reír mucho de ti!". Su abuelo: "¡qué bien, ahora tienes que cepillarte un diente menos!".

Fobias. El cerebro desaprende tan velozmente como aprende

Una de las peores cargas psíquicas que puede sufrir una persona son las fobias. Una fobia es un temor persistente, irracional e inexplicable, a ciertas cosas. Por regla general, los temores poseen un sentido: protegernos de un peligro real. Pero en el caso de las fobias las angustias padecidas por el sujeto carecen de cualquier base, puesto que los peligros son irreales.

Es muy común el miedo a las arañas, a las ratas, o a los perros; también son muy conocidos los temores a volar en avión o a quedarse encerrado en un ascensor. Menos corrientes son el miedo a la proximidad física, al rechazo, a la enfermedad, y la angustia de tener que asumir una determinada responsabilidad.

Los psiquiatras y los psicoterapeutas estiman que el porcentaje de población afectada por algún tipo de fobia oscila entre un 13% y un 15%, o sea, que es más frecuente de lo que pueda pensar cualquiera que no la padezca. La causa de que no salgan demasiado a la luz pública radica en que los afectados han aprendido a disimular sus temores. Esto significa que tratan, por todos los medios a su alcance, de evitar cualquier circunstancia que pueda llevarlos a tener que enfrentarse a su miedo.

Aquellos que tienen miedo a volar suelen ingerir un potente sedante antes de subir al avión y, una vez embarcados, se sientan en la parte central, provistos de un caset y unos auriculares que los distraigan. Pero esto solo es posible en los casos en que la fobia no es excesiva. Hay quien se niegan rotundamente a coger un avión, aunque esto trunque su carrera profesional; el que teme cruzar un puente es capaz de dar largos rodeos para evitarlo; atravesar un túnel puede generarle una angustia mortal a ciertas personas, sobre todo si son ellas la que conducen el coche.

La ciencia ha acuñado un gran número de términos para designar las distintas fobias. El miedo a los abismos se denomina cremnofobia, a las abejas apifobia, al enamoramiento, amorofobia. Existe el miedo a sonrojarse: la erythrofobia, a la velocidad: la taquifobia, a las mujeres: la ginefobia, a los hombres: la androfobia. Incluso existe el miedo al teléfono y a los ordenadores. Yo he visto una lista que contenía ¡doscientos diecisiete tipos diferentes!

Posiblemente, la mayoría de las fobias tengan su origen en los procesos de aprendizaje. Serían, de acuerdo con las investigaciones realizadas, consecuencia de experiencias traumáticas ocurridas durante la primera infancia, esto es, aproximadamente hasta los seis años. También pueden ser la expresión de un lastre psíquico o una disfunción psicológica oculta. En tales casos, las fobias serían la manifestación de conflictos anímicos reprimidos.

Nosotros partimos del principio básico -defendido también por los terapeutas conductuales- de que todo lo que se aprende se puede igualmente desaprender, y de que todo lo que se aprende rápidamente puede erradicarse con idéntica rapidez.

¿Cómo se origina la fobia a los perros? Es sencillo. Un infante se ve inesperadamente asaltado por un gran perro. Quizás el animal no tuviera ninguna intención de hacerle daño, pero a los aterrados ojos del niño, se trata de una bestia gigantesca. La zozobra se apodera de su sensible psique con tal vehemencia que el miedo puede durarle toda la vida. Digamos que el aprendizaje habrá resultado perfecto. Para el crío, el miedo a los perros constituirá una reacción adecuada, un mecanismo protector que le evitará exponerse otra vez a la misma situación. Los adultos, sin embargo, son conscientes de que no todos los perros son peligrosos, con lo que el miedo tendría que perder su sentido, su función protectora, pero el caso es que persiste, firmemente anclado durante toda su existencia.

Hay distintos métodos para disolver las fobias, o como mínimo para disminuir su impacto. Lo que antes exigía años de arduo trabajo se logra hoy en cuestión de meses gracias a la terapia conductual. El método, no obstante, requiere que el sujeto esté dispuesto a enfrentar sensaciones desagradables y a pasar por un duro proceso.

Otro método que logra buenos resultados es el del Dr. Callahan, basado en la kinesiología.

Empleando el *modelo de las fobias*, el proceso resulta menos doloroso y, en la mayor parte de los casos, alcanza su objetivo en un espacio de tiempo muy corto. No estoy hablando de años, ni de meses, ni de semanas, sino de horas e incluso de minutos.

Naturalmente, lo anterior no quiere decir literalmente que una curación total pueda ser producto de unos pocos minutos. Tras disolver la fobia propiamente dicha, el terapeuta deberá estimular a su cliente, brindarle un apoyo comprensivo, ayudarle a que genere la suficiente autoconfianza y seguridad interior para afrontar cualquier eventualidad que pueda presentarse en el futuro.

El primer paso para disolver una fobia es revivirla con la fantasía. Es muy importante que se haga de un modo asociado. De esta manera la vivencia será igual que en el origen, el individuo volverá a ver y a oír las mismas cosas, a oír tendrá la impresión de estar inmerso en el suceso y experimentará el mismo pánico destructivo, el terror, el latido enloquecido de del corazón...

¿Cuando fue la última vez que pisaste un parque de atracciones?, ¿recuerdas la montaña rusa?, ¿qué sentiste cuando el coche se arrojó al abismo desde lo alto del andamio, a toda velocidad y sobre unos raíles tan estrechos? ¿Podrías volver a experimentar esa extraña sensación en el estómago, la corriente de aire en el rostro, los gritos entre angustiados y jubilosos de la gente? ¿Fuiste de los que por fin pudieron gritar a pleno pulmón, sin miedo a que nadie reparara en ellos?

Revivir la situación involucrando todos nuestros sentidos es reexperimentarla de una forma asociada y hacerlo observándose desde fuera, como desde un helicóptero, es reexperimentarla de modo disociado. En este último estado, tus sentimientos son menos intensos, si es que no están ausentes por completo. Sabes que el personaje que ves eres tú mismo, pero existe una distancia de seguridad entre tú y la imagen que te representa que rebaja la tensión de la experiencia.

Hay otras atracciones de feria que producen, en la psique infantil, impactos similares al de la montaña rusa. Nunca olvidaré mi primer viaje en el túnel del miedo, con todas aquellas espeluznantes figuras y sus horribles muecas que surgían ante mí, aquellos ruidos espantosos, las tenues luces... No me cuesta demasiado esfuerzo imaginarme sentado en el coche, igual que entonces, y cuando mis sensaciones se tornan muy penosas dejo la asociación a un lado y continuo contemplándolo todo como un simple observador, desde un lugar seguro.

Estas representaciones imaginarias son un buen ejercicio para aprender a trasladarse rápidamente de un estado emocional a otro. La disociación es una forma de resucitar el pasado sin que nos dominen los sentimientos y gracias a ese distanciamiento podemos disponer de la libertad necesaria para poner en marcha un nuevo proceso de aprendizaje.

Dado que las fobias suscitan sentimientos sumamente intensos, el terapeuta ha de procurar que su cliente disponga de un buen ancla de recursos. Por ejemplo, estrechándole la mano cada vez que precise apoyo.

El terapeuta hará que el cliente reviva muy brevemente la situación fóbica y anclará su reacción emocional. Este ancla le servirá posteriormente para ayudarle a retroceder en el tiempo, hasta el momento justo en que tuvo lugar la experiencia causante del conflicto. Insisto en que es esencial que la reactivación se realice de forma disociada.

Cuando son adultos, los sujetos fóbicos poseen, en mayor medida que en el momento en que se generó su problema, la madurez y el conocimiento necesarios para entender sus causas. Semejante cualidad constituye un poderoso recurso que los capacita para regresar al pasado y visionar el suceso desde otro ángulo y bajo otra luz, dándose cuenta de lo que ocurrió realmente y juzgándolo con mayor ecuanimidad.

Con la reexperimentación del hecho es posible erradicar un miedo irracional en un plazo de una o dos horas. Existe, como ya he indicado, otro método capaz de lograrlo en unos pocos minutos: la *técnica acelerada para la erradicación de fobias*, pero exige que el sujeto posea una gran capacidad visualizadora.

También aquí el individuo ha de reconstruir las circunstancias sin implicarse emocionalmente, sin que llegue a dominarlo el pánico. Lo primero que debe hacerse es alterar el marco temporal. Me explico. Tanto con anterioridad como con posterioridad al suceso, el sujeto no tenía ningún miedo. Hay que pedirle que se visualice en ese estado, tal cómo era antes del momento crítico y después. Una vez que lo haya hecho le pediremos que vuelva a visualizarse, pero ahora tal cómo era cuando ya todo había pasado, cuando se encontraba nuevamente a salvo. Cada uno de esos momentos será como una imagen fija proyectada en una pantalla.

El cliente mira una película en blanco y negro que arranca de la primera imagen y que concluye con la segunda, y en la que se exhibe con todo detalle la experiencia que tanto lo marcó. Dado que todo termina bien, el momento causante de la fobia estará muy limitado en el tiempo. Será como si el individuo cruzara un torrente a través de una cuerda floja tendida entre dos orillas firmes.

Tras este importante primer paso llega la fase decisiva, el punto en el que hay que cambiar el significado de la experiencia. Se vuelve a proyectar la película, esta vez en color, con la mayor celeridad posible y -esto es muy importante- ¡en dirección inversa!, desde la imagen final hasta la inicial. Además, el sujeto rememora el hecho de modo asociado, implicándose plenamente en él.

Este proceso "anulador" es tan sencillo como eficaz. Si el individuo logra ver la película al revés, si consigue sentirlo todo en un orden inverso, el miedo irracional desaparecerá como por arte de magia, en unos segundos. Esta técnica, dicho sea de paso, también puede utilizarse para anular emociones positivas.

Lógicamente, no todos los intentos se ven coronados por el éxito. En ocasiones, el cliente tiene grandes problemas para retroceder en el tiempo. Se dan casos en los que el acontecimiento está tan oculto que no sale a la superficie ni aún utilizando todas las anclas disponibles. Entonces tendremos dos formas de resolver el conflicto: tratar de disolver el bloqueo, lo cual suele costar mucho tiempo y esfuerzo, o dejar a un lado el suceso original y aplicarle la técnica de la dirección inversa a la última ocasión en que el cliente sintiera un terror insoportable. Es probable que haya que repetir el procedimiento más de una vez, siempre con situaciones donde se haya suscitado la reacción fóbica y hasta que el reaprendizaje sea completo y los resultados sean estables.

Casi siempre, las peores dificultades se plantean al tratar de invertir la película y revivir simultáneamente la experiencia de una manera enteramente asociada. Hay que tener muy claro que no lograr el objetivo al primer intento o con un determinado método no es igual a fracasar. Habrá que ser flexible y seguir intentándolo por cualquier otra vía, hasta conseguir un resultado satisfactorio.

El pavor de Martin a las alturas estaba bien fundado. Antes de estudiar la carrera de ingeniero de la construcción había sido jardinero y una de sus tareas consistía en subirse a los árboles para podarlos. Cierto día, las ramas de un álamo alto no resistieron su peso y se precipitó al vacío. La experiencia se le quedó grabada indeleblemente.

La modificación resultó fácil. Martin recordaba perfectamente el suceso y tenía una excelente capacidad de visualización. Se daban las condiciones apropiadas para el método acelerado para la erradicación de fobias.

Comencé por anclar en su mente un recurso potente, con objeto de poder sacarlo en cualquier momento de un eventual estado de pánico. El iba recordando una experiencia intensa y satisfactoria mientras yo le apretaba la parte superior del brazo.

A continuación puse a prueba sus reacciones fóbicas: "Martin, imagínate por un instante que estás mirando al suelo desde un lugar muy alto, desde una torre. ¿Cómo te sientes?".

"Me están dando náuseas".

Toqué inmediatamente su brazo y la reacción desapareció. "Martin, imagínate que ante ti, algo alejada, hay una pantalla de cine en la que van a proyectarse una serie de imágenes. Ahora sientes que te sales de tu cuerpo, como si hubieses generado un doble. Lo llamaremos Martin segundo. Se desplaza hacia el fondo de la sala, se monta en una plataforma -va a ser el operador que proyecta las películas- y te observa. Tú estás sentado en una butaca, contemplando lo que desfila por la pantalla.

Aparece una imagen fija, una diapositiva. Martin segundo la mira. Se ve a Martin al pie del álamo al que se va a encaramar. ¿Lo estás viendo? Bien. Ahora aparece una nueva diapositiva, se ve a Martin en el suelo otra vez, con los pies en la tierra, y se encuentra bien.

Comienza la película, en blanco y negro. Martin se sube al árbol y va cortando ramas con su sierra. Súbitamente pierde el equilibrio y cae. No se ha roto nada -el suelo es blando-, lo único que tiene son unos cuantos hematomas.

Martin segundo, el operador, no pierde detalle. Cuando no ve claro algo, no duda en volver a pasar las escenas. Tómate todo el tiempo que necesites, Martin".

Yo no le quitaba ojo de encima, porque no quería que brotara el pánico en ningún momento. Se notaba que le resultaba sencillo imaginarse las cosas. Al cabo de un rato hizo una señal con la cabeza.

"Bien. Reintegra a Martin segundo en tu persona. Vuelves a ser un individuo completo, ¿de acuerdo? Ahora imagínate que penetras de un salto en la segunda diapositiva, la que te muestra después de la caída. Experimenta la situación, implícate totalmente. Estás viendo el álamo y todo lo que te rodea. Sientes tu cuerpo. Has tenido suerte, estás sano y salvo. Convierte la diapositiva en una película en color, pero presta atención porque ahora irá en dirección contraria, como si la estuvieras rebobinando. No olvides que tú formas parte de las imágenes, lo que está siendo rebobinado es tu experiencia y hay que hacerlo lo más rápidamente posible. ¿Sabes lo que tienes que hacer? Bien, ahora... ¡salta!".

Solo tardó unos segundos en volver a alzar los ojos. Lo interrogué con la mirada: "ha salido bien, he podido imaginármelo perfectamente". "Estupendo. Cierra los ojos y piensa que te subes a un árbol y que miras desde lo alto". Yo estaba preparado para intervenir rápidamente, pero no fue necesario.

Martín sonrió. "Formidable. No tengo miedo, estoy muy bien".

"Vuelve a probar con un sitio más alto, con una torre". Tampoco esta vez sintió miedo. Había superado su fobia. Más tarde le pregunté en diversas ocasiones y me dijo le iba muy bien, que el efecto era permanente, y no solo en su imaginación. Para un ingeniero de la construcción es tan importante no tener miedo a la altura como para un jardinero.

Desembarazarse definitivamente de las manías

Da igual que se trate de fumar o de morderse las uñas, de ingerir comida o de lavarse constantemente empujado por una necesidad imperiosa. No parece existir un camino liberador ni aún sabiendo que lo que se hace no tiene sentido. No es racional -aún más, es perjudicial- fumarse treinta cigarrillos diarios, no es racional lavarse las manos cada cinco minutos, ni morderse las uñas hasta que a uno le sangren los dedos.

¿Es cierto realmente que nada de esto tiene sentido? Nuestra idea es que detrás de cada conducta, por muy errática que parezca, existe una intención positiva. Las conductas indeseables solo pueden transformarse cuando se facilita una nueva vía de expresión al móvil original.

Son diversas las técnicas capaces de eliminar comportamientos maniáticos en poco tiempo. Como ya he dicho, el éxito solo será permanente en tanto que la intención original sea preservada. La nueva conducta ha de ser ecológica. La técnica que voy a describir a continuación se denomina *swish* (chasquido).

Al principio solo sucedía ocasionalmente: al llegar a casa, me preparaba un Martini. Era un acto simbólico, una forma de dar por concluida una parte del día y de relajarme un poco. Por la tarde me esperaba un largo programa. Probablemente hubieran sido más útiles unos minutos de entrenamiento autógeno. En algún momento el acto se convirtió en un hábito regular. Las botellas, que antes estaban en el mueble del salón, se trasladaron a la cocina. Era más rápido. Yo llegaba a casa y automáticamente, sin pensarlo siquiera, me servía mi dosis de alcohol. No era una dosis muy grande, pero era diaria.

"¿Crees que eso es necesario?" me preguntó un día mi compañera. Reaccioné con vehemencia: "¡claro que no! ¿por qué no iba a tomármelo? ¡no es más que un vaso, ¿qué puede pasarme!". Había levantado un muro protector a mi alrededor, pero a pesar de ello persistía una pequeña duda en mi interior. Quizás fuese cierto que algo me forzaba a actuar así. Me observé y constaté que realizaba los movimientos sin ser consciente de ellos, simplemente resultaban inevitables. Decidí aplicarme la técnica del chasquido.

La palabra swish posee valor onomatopéyico. Pretende referirse a que ciertas representaciones imaginarias han de ejecutarse muy rápidamente, como si se tratase de un chasquido.

Esta técnica ofrece la ventaja de que no es necesario suprimir completamente la vieja conducta, ¡no deseaba privarme de tomar un vermouth de vez en cuando! Lo que pretendía era disfrutarlo, hacerlo de un modo consciente, cuando realmente me apeteciera.

Busqué un lugar donde nadie me molestara y comencé los preparativos, meditando sobre todo ello. ¿Cuál era el momento crítico que desencadenaba el proceso? Resultó que lo que me inducía realmente era una antigua visión de un conjunto de botellas llenas de bebidas caras y exquisitas. Percibí la imagen durante un instante solamente -normalmente se alojaba en mi inconsciente-, pero a pesar de ello recordé enseguida su procedencia.

Fue durante mis estudios. Yo tenía entonces, por supuesto, los mismos gustos que la mayoría de mis compañeros. No disponíamos de demasiado dinero, pero de cuando en cuando celebrábamos alguna fiesta y en aquel tiempo considerábamos el alcohol como un ingrediente indispensable. Teníamos que contentarnos con un vermouth baratísimo. Así fue como nació en mí el deseo de adquirir y guardar en mi casa una serie de bebidas alcohólicas muy apreciadas. No era estrictamente necesario consumirlas, bastaba con poseerlas, tenerlas almacenarlas en el mueble.

La imagen era confusa y efímera, me pareció que quizás no fuese suficiente, porque para ejecutar el chasquido se requiere identificar exactamente el momento crítico que actúa como disparador del proceso. ¿Qué ocurría inmediatamente antes del gesto maniático? Vi nítidamente mi mano derecha asiendo la botella. El punto de partida ya estaba fijado, pero ¿cual iba a ser la meta? ¿con qué sustituiría la conducta indeseable? Tardé un buen rato hasta encontrar una visión del futuro plenamente satisfactoria. Era algo muy trivial: había llegado a la conclusión de que un vaso de agua mineral podría surtir el mismo efecto. Me sentaría cómodamente en un sillón y, bebiéndome el líquido a pequeños sorbos, me relajaría profundamente.

Habiendo fijado tanto la visión de la chispa desencadenante como la del objetivo, ejecuté el chasquido en apenas unos segundos. Visualicé en primer lugar un marco y en su interior, mi mano asiendo la botella. Era una imagen grande y luminosa. En el centro de la etiqueta había un grabado sumamente pequeño y muy oscuro que representaba el objetivo y que aún era imperceptible y escasamente atractivo. Lo que se veía en él era yo mismo, sentado en mi sillón y tomando un sorbo de agua. Parecía relajado y contento.

Entonces se produjo el chasquido propiamente dicho. Hice que el minúsculo grabado se iluminara y se ampliara hasta ocupar todo el espacio de la primera visión. La mano que asía la botella, a su vez, se oscurecía y se tornaba cada vez más borrosa, hasta que se desvaneció. La imagen clara y brillante de mi mano sujetando un vaso de agua se había adueñado del escenario.

Un aspecto decisivo de esta técnica es la forma en que hay que vivenciar ambas imágenes: la primera de modo asociado y la segunda de modo disociado. Esta distinción es importante. Hay que dotar a la imagen-meta del suficiente atractivo para que el cerebro acepte cambiar de dirección.

Las emociones ligadas a la situación anterior habían sido sustituidas por otras nuevas, más positivas. Mientras visualizaba la metamorfosis de las imágenes, noté que nacía en mí un sentimiento satisfactorio y liberador.

Muchas son las personas que ejecutan el chasquido cotidianamente, pero en una dirección errónea. Piensan en lo que podrían lograr e inmediatamente después acude a su mente la representación de su probable fracaso, con lo que se desaniman sin remedio. Como se puede ver, el chasquido también puede conducirnos al descalabro, más aún, garantizarlo.

Recuerdo una noticia sobre un chasquido ejecutado en sentido contrario que le costó una fortuna a una empresa alemana de detergentes. Se trataba de una campaña publicitaria que fracasó estrepitosamente debido a que se habían empleado imágenes similares en Alemania y en los países árabes. Los carteles mostraban, a la izquierda, un montón de ropa sucia que iba a ser introducida en la lavadora, y a la derecha los resultados del lavado, o sea, la ropa limpia y blanca como la nieve. Pero los expertos publicistas se habían olvidado de un importante detalle: en los países árabes se lee y se contemplan las imágenes de derecha a izquierda. ¿Qué fue, entonces, lo que vieron los clientes potenciales? En primer lugar la ropa limpia, a continuación el detergente y finalmente, ¡la ropa sucia!, lo cual equivalía a decir que los tejidos se ensuciaban tras lavarlos con ese detergente. Fue, desde luego, un verdadero chasquido en la dirección equivocada.

Pero regresemos a mi chasquido personal. Tras realizar la operación por primera vez abrí los ojos y procuré distraerme mirando a mi alrededor. Más tarde repetí el procedimiento otras cuatro veces, separando nítidamente cada operación de la siguiente. Las visualizaciones, en sí mismas, no duraban más de unos segundos.

Fui hacia la cocina y le eché una mirada a la botella con la idea de poner a prueba el resultado. La vi, pero no sentí la imperiosa necesidad de cogerla. A partir de entonces todo fue distinto, estirar mi mano y agarrar la botella era lo mismo que agarrar cualquier otro objeto. La obligación se había desvanecido. Sigo tomándome un Martini de vez en cuando, claro, pero no como una marioneta movida por hilos invisibles. Ahora lo hago conscientemente, sin ningún tipo de automatismo regular.

Nuevas convicciones

"La fe mueve montañas", dice la Biblia. Todo el mundo sabe que tras estas palabras se oculta una gran sabiduría. Quien cree en algo firmemente puede generar la energía necesaria para realizarlo. Las personas exitosas creen en sí mismas, están persuadidas de que todo les saldrá bien y así ocurre efectivamente.

En lugar de la palabra fe podríamos emplear la palabra convicción. No voy a tratar de creencias religiosas, sino de la convicción de que un determinado proyecto va a funcionar, de la confianza en lo que uno es capaz de hacer.

Esta clase de fe positiva, además de estar detrás de los grandes inventos, de las grandes acciones, del progreso, es un ingrediente básico de nuestro estado de ánimo y de nuestra forma de vivir. Un triunfador, aunque tenga en cuenta la posibilidad de fracasar, no llega a pensar en ningún momento que pueda sucederle.

Por desgracia, la vida de la mayoría de la gente, más que por la fe en sí misma está marcada por el miedo al fracaso. En nuestra época prevalece el pensamiento negativo, la fe negativa. A mi padre, hace veintiséis años, el médico le diagnosticó un cáncer. El se convenció de que moriría pronto, dejó de luchar y se sentó a esperar pasivamente el final. Poco después mi hermano adquirió una vieja casa y se planteó la necesidad de reformarla. Mi padre, que vivía con él, tuvo que ocuparse de las obras, volvió a sentirse útil y su ánimo se recuperó. Acaba de cumplir noventa y un años.

Todo el mundo puede tener fe, si realmente quiere hacerlo, en sí mismo, en su éxito, en su potencial personal. El camino es simple: observa a aquellos que ya tienen esa fe y aprende de ellos, sigue su ejemplo y evoluciona en la misma dirección. Lamentablemente, es más fácil dar este consejo que ponerlo en práctica.

Los adictos al fracaso está convencidos de que no saben hacer nada, de que la enfermedad es su sino, de que están condenados a la pobreza. En individuos así, lógicamente, no hay sitio para las creencias positivas. No basta con gritarles: ¡cree, convéncete! No se puede creer simultáneamente en la luz y en la oscuridad.

A mi juicio esta es la razón de que fracasen tan a menudo los intentos, por parte de personas orientadas negativamente y sea por el camino que sea, de adoptar actitudes positivas.

Lo mejor es disolver previamente la convicción negativa, sustituyéndola por otra más positiva.

Los contenidos no son lo único que importa a la hora de forjarse una convicción. Las creencias y convicciones suelen ser producto de sentimientos borrosos y poco tangibles. Normalmente se caracterizan por unas submodalidades determinadas. Veámoslo. ¿Como experimenta un enfermo canceroso la idea de que no puede sanar? Ve una imagen de sí mismo teñida de un color "enfermizo" o ve un gran número de células cancerígenas engullendo a las sanas, todo con unos colores muy vivos. Posiblemente oiga una y otra vez la voz del doctor, una voz lúgubre e inapelable que no deja ningún margen para la esperanza, comunicándole la fatal noticia.

Toda creencia puede ser influenciada, dirigida, corregida, o incluso creada, mediante la técnica de las submodalidades. Si el individuo logra visualizar vivamente las submodalidades de su nueva convicción, ésta arraigará de una forma duradera.

El punto de arranque, como siempre, será una meticulosa investigación tendente a contestar la pregunta que sigue: ¿cuál es la convicción limitadora que se desea modificar? Una vez hallada la respuesta se irán visualizando las submodalidades correspondientes.

Robert Dilts halló una forma muy elegante de reemplazar una convicción. Voy a describir brevemente los pasos de que consta.

Supongamos que alguien desea adoptar una convicción nueva, pero que no acaba de creérsela por mucho que lo intenta. El terapeuta le pedirá en primer lugar que la defina con precisión, de una manera positiva e incluyendo una referencia al contexto donde vaya a aplicarse. Habrá de ser verificable mediante los sentidos y tan extensa como lo sea la anterior.

En segundo lugar el terapeuta invitará al individuo a que busque alguna idea positiva real. No es necesario que sea algo especial, pero se sabe que una creencia clara y potente surte más efecto que otra débil. Lo que quiero decir es que el cliente deberá encontrar una cualidad suya de la que esté absolutamente seguro. Por ejemplo: "sé cocinar espléndidamente".

Entonces el individuo visualizará las submodalidades de su nueva convicción y de la idea positiva real. Repito una vez más que visualizar, en este caso, quiere decir ver, oír, sentir, oler, degustar...

Pongamos el caso de alguien que siente miedo de las personas investidas de autoridad. La convicción a implantar se podría formular así: "valgo lo mismo que los demás seres humanos. Creo que puedo sentirme seguro de mí mismo y expresar mi opinión aunque me halle ante personas de gran autoridad".

En lo que se refiere a la idea positiva real, la formulación sería: " sé que cocino bastante bien, me siento estupendamente preparando comidas, ¡es lo mío! Miro cómo gozan mis invitados y oigo sus elogios. Estoy ante la mesa, firme y erguido, con una sonrisa en los labios, mi voz suena convincente, miro directamente a mis invitados y me siento rebosante de autoconfianza. La escena es muy luminosa y está llena de color".

Lo que resta el que el sujeto mezcle las submodalidades de la idea real con las de la convicción que busca: "yo valgo tanto como otros seres humanos. Estoy al lado de una persona investida de autoridad, firme erguido. Noto la potencia de mis músculos. Lo miro a los ojos y le sonrío, mi voz es convincente, estoy lleno de energía y autoconfianza. Todo es multicolor, luminoso".

Puede que no se consiga realizar la modificación si existe alguna otra convicción poderosa opuesta a la nueva.

En ese caso habrá que adaptar el modelo a las circunstancias.

Todo el esfuerzo resultaría vano si el individuo no logra plasmar en la realidad su nueva convicción. Con objeto de prevenir eventuales fracasos y de darle firmeza y estabilidad al aprendizaje, convendrá repetir hasta cinco veces el proceso y, tal como hicimos con la técnica del chasquido, con la mayor velocidad posible.

Finalmente y como de costumbre, hay que tender un puente hacia el futuro. El individuo visualizará una serie de situaciones que le permitan experimentar con su nueva convicción.

La prueba de fuego, sin embargo, siempre serán las situaciones reales, cuando nuestro protagonista tenga que enfrentarse a alguien que antes le inspirara miedo.

Capítulo VII

Técnicas de comunicación aplicadas a la vida laboral

La estrategia de los ganadores

La capacidad de comunicar eficientemente constituye una ventaja para cualquiera en el ámbito laboral, ya se trate de un empleado o de un patrón. Hay ciertas profesiones, como las de representante comercial, jefe de personal, terapeuta, consejero, ejecutivo, sindicalista, etc., en las que la mencionada cualidad resulta poco menos que decisiva.

Los empleados también pueden beneficiarse de las técnicas de comunicación, sobre todo cuando noten que su jefe abusa de ellas. En cualquier caso emplear estos métodos en beneficio propio nunca debería acarrearle perjuicios a otros, tal como sucede en la siguiente fábula acerca de un cazador y un oso.

"El cazador apuntó su escopeta hacia el gigantesco oso. Cuando iba a apretar el gatillo oyó que el animal, con voz lisonjera, decía: 'querido amigo, no me mates todavía. Hablar siempre es mejor que matar. ¿Por qué no hacemos un trato? Di, ¿qué necesitas?' El cazador dejó de apuntarle y contestó: '¡lo que necesito es un abrigo de piel!' 'Bien', replicó el oso, 'la solución es muy simple. Yo, por mi parte, lo que necesito es llenar el estómago, así que vamos a ver si llegamos a un compromiso.' Se sentaron en el suelo a negociar y al cabo de un rato el animal se levantó y se fue, completamente solo. En lo que respecta al cazador, iba muy bien abrigado en el interior del estómago del oso".

Un compromiso que resulte perjudicial para otro no es tal compromiso. Lo será realmente cuando todos los implicados vean satisfechas sus reivindicaciones en una misma medida. Esa es la estrategia de los ganadores.

Yo estoy persuadido de que cualquier manipulación dañina acaba volviéndose contra su autor. El vendedor que engañe a su cliente puede estar seguro de que éste no volverá a comprarle jamás, y tendrá que poner en juego todo su ingenio para hallar constantemente nuevos clientes a los que poder embaucar. En cambio, los vendedores que dominan el sutil arte de la comunicación no tienen ninguna necesidad de manipular negativamente a nadie.

En el fondo, es imposible dejar de manipular. Siempre que hablamos, escribimos o nos expresamos mediante signos no verbales, perseguimos algún fin, buscamos algo de otro. Pretendemos que nos escuche, que registre cierta información, que haga algo determinado. No se puede negar que la manipulación siempre existe, pero ello no significa que sea siempre reprobable.

Quienes deseen tener éxito en su carrera profesional no deben perder de vista ciertos hechos. Un filósofo antiguo dijo que la amistad entre los hombres no es más que una especie de tratado que le permite a cada cual buscar su propio beneficio. Estaba en lo cierto. Todo ser animado, desde el microorganismo más simple hasta el ser humano, ha de proteger sus intereses por encima de todo, ha de actuar con egoísmo.

Sin embargo, el egoísmo, cuando es sano, no tiene por qué perjudicar a nadie. En el interior de nuestro cuerpo coexisten armónicamente multitud de células, contribuyendo a la supervivencia de toda la estructura y asugurándose así la suya propia. Con el cáncer sucede justamente lo contrario; las células cancerosas trabajan exclusivamente en beneficio propio, creciendo y multiplicándose hasta acabar con el organismo que las alberga, en una especie de suicidio indirecto.

Toda comunicación eficaz tiene dos pilares: reconocer las necesidades de los demás y armonizarlas con las propias. ¿Qué es lo que yo pretendo? y ¿qué ventajas puede reportarle a mi interlocutor? Estas dos preguntas son esenciales y siempre deberían ser previas a cualquier otra consideración. Henry Ford debió referirse a esto exactamente cuando dijo: "si el éxito tiene algún secreto, éste consiste en comprender y asumir el punto de vista del otro".

Durante una negociación solo podremos obtener aquello que nuestro interlocutor considere que le beneficia. Será inútil mostrarle las ventajas que tú o el resto de la humanidad podáis obtener, porque a él lo que lo mueve no es otra cosa que su propio interés. Cabe la posibilidad, claro está, de que su interés coincida con el general. Lo ideal es crear un espacio común, armonizando los respectivos intereses y equilibrando el reparto de los beneficios, y el resto se arreglará por sí solo.

¿Qué ocurre cuando alguien solicita ocupar un puesto vacante en una empresa? El jefe de personal, que será seguramente quien ha concertado la entrevista, tendrá ciertas ideas fijas acerca de la cualificación y el perfil de los candidatos. El sujeto también tendrá unas expectativas que desearía ver plasmadas en el futuro. Pero el cargo solo será suyo si es capaz de transmitir de un modo convincente la idea de que él es el candidato idóneo, porque se adapta mejor que ningún otro a ¡las expectativas del entrevistador! Naturalmente, en la realidad las cosas son más complejas, dado que la decisión final suele depender de personas distintas dotadas de criterios igualmente distintos.

El éxito profesional

Es fácil culpar a los demás. "Estoy muy mal, no le caigo bien a mi jefe". "Mis compañeros de trabajo no son nada amables conmigo. "Si mi trabajo fuera otro podría demostrar mi valía, pero a mí solo me encomiendan labores aburridas y sin importancia". Este es el tipo de quejas que formulan los empleados que tienen problemas en sus puestos de trabajo.

Yo sostengo que no son los demás los culpables de nuestros desarreglos con los colegas, el jefe, los clientes o quien sea, sino nosotros mismos. Lo que hay que hacer es averiguar de dónde proceden esas dificultades y prepararnos, con ayuda de las técnicas apropiadas, para afrontarlas en el futuro.

¿Cómo se crean las bases del éxito? Hallarás algunas ideas en las siguientes preguntas, siempre que las contestes afirmativamente y sin autoengaños:

1ª) ¿Posees energía y recursos suficientes para realizar tu trabajo? ¿te sobra vitalidad para invertirla en tu tiempo libre o te estás consumiendo como una vela que arde por ambos lados?

2ª) ¿Estás motivado? ¿sabes transmitir tu motivación?

3ª) ¿Eres congruente o solo lo pareces?

4ª) ¿Empleas la estrategia adecuada para realizar tu labor?

No es posible tratar aquí detalladamente acerca de cuál podría ser la estrategia correcta en el trabajo, porque ese es un campo demasiado vasto. No obstante, las preguntas anteriores pueden tener una utilidad genérica.

Energías y nuevos recursos
Son escasos los trabajadores que se sienten productivos y llenos de energía durante toda la jornada, lo cual es bastante lógico, puesto que cualquier tarea intensa constituye un esfuerzo que más tarde o más temprano conduce al cansancio. Sin embargo, la capacidad de resistencia varía mucho de un individuo a otro. Hay personas que, al contrario que la mayoría, parecen disponer de unas reservas energéticas inagotables. Todos hemos conocido personalidades así, que impresionan por su tranquilidad y por su seguridad,

que no malgastan nunca sus fuerzas y que parecen rendir bastante más que la media. ¿A qué se debe esto?

Las personas exitosas poseen abundantes energías porque no sufren bloqueos debidos a miedos, prejuicios o inhibiciones, ni se sienten preocupadas por cuestiones como el estatus social. Saben enfrentar adecuadamente las situaciones estresantes, están motivadas, piensan de un modo positivo, son capaces de controlar sus estados anímicos y de alimentar sus sentimientos de bienestar, además de cuidar su forma física.

Dada la importancia del párrafo anterior, voy a extenderme algo más. Lo primero que hay que aprender es a identificar los estados "negativos." Si en un momento dado, tomamos conciencia de nuestra inseguridad, nuestra angustia, nuestro pesimismo, etc., podremos emprender una reconversión, tratando de convertirnos en sujetos seguros, serenos y optimistas.

Más tarde describiré minuciosamente cuál es la técnica apropiada para acceder en cualquier momento al estado-recurso, y transformar así todas nuestras sugestiones, imágenes y sentimientos negativos. En este punto, al lector le convendría repasar las técnicas de anclaje.

Detente un instante a reflexionar sobre tu último día de trabajo, ¿qué humor tenías?, ¿te hacía ilusión lo que te aguardaba, o más bien te desagradaba profundamente?, ¿cómo saludaste a tus colegas?, ¿cómo te saludaron ellos a ti? ¿Oíste en algún momento una voz interior que te decía: "no lo lograrás", "qué poco sentido tiene todo esto", o "es evidente que este cliente no comprará nada"? ¿Tuviste alguna visión, como por ejemplo el rostro de tu temido jefe? Y en el caso de que el jefe seas tú, ¿te tensaste mucho cuando ese colaborador tan falto de iniciativa te pidió consejo por enésima vez?, ¿sentiste angustia al ver una montaña de cartas sin contestar?, ¿se te aceleró el corazón al encontrarte con ese colega que todo lo hace mejor que tú? Y sobre todo, ¿qué clase de sentimientos te dominaron durante la jornada, los positivos o los negativos?

Si puedes contar con amigos dignos de confianza que puedan observarte mientras trabajas, pídeles que te sirvan de espejo. Esto, lógicamente, implica que tú estés preparado para aceptar cualquier crítica que se te haga objetiva, imparcialmente y sin reproches. Una buena idea es considerar las críticas como informaciones. Pocas cosas son más valiosas que una crítica honesta; quienes se autoengañan jamás lograrán realizar cambios positivos.

Las técnicas que siguen te ayudarán a modificar *una parte* de aquellos problemas de los que tengas conciencia. Es conveniente empezar por las autosugestiones negativas. ¿Te dices a menudo cosas como estas: "no lo voy a conseguir", "este tipo siempre anda fastidiándome", "mis colegas no me tragan", etc.? Las autosugestiones negativas pueden presentarse igualmente en forma de imágenes o de sentimientos desagradables: dolores estomacales, cardiopatías... Hay casos en los que la tara psíquica se manifiesta a través afonías, migrañas, sudoración de las manos, lumbagos, etc. Necesitarás tiempo para normalizarte, no olvides que será un tiempo bien empleado.

¿Cómo suena esa voz que oyes internamente, potente o débil, dura o afable, exigente o condescendiente, suave o enérgica? Trata de corregir su calidad y fíjate en tus propias variaciones emotivas, ¿qué sucede cuando el volumen es menor o cuando exhibe un tono enérgico?...

Quizás te estés preguntando cómo se hace todo esto. Párate a pensar en que si tu mente es capaz de hacer que suene una voz interior, también lo será de modificarla. Puedes servirte de ciertas imágenes que faciliten el proceso; imagínate, por ejemplo, que la voz brota de una radio y que tú vas girando el sintonizador hasta que se vuelve casi inaudible o incluso hasta que desaparece.

Conocí a una mujer que, a raíz de padecer una enfermedad del oído, no cesaba de escuchar un molesto zumbido. Son muchas las personas que sufren este síntoma, muchas veces incurable. Me dijo algo interesante: "si quiero puedo callar el zumbido durante un rato. A veces, cuando tengo algún trabajo urgente o una llamada telefónica importante, le digo simplemente 'ahora, vete', y me obedece y desaparece durante algunos minutos, pero siempre regresa.

¿Es inevitable que regrese? Si se logra extinguir un sonido durante cierto tiempo, también debería ser posible hacerlo definitivamente. Hay que intentarlo.

Algunas personas se encuentran al borde de la desesperación porque sus voces internas no les conceden ni un instante de reposo. En semejantes casos ayuda mucho decirse a uno mismo, procurando estar a solas y con autoridad, algo así: "querida voz, me encantará oírte siempre que tengas algo que decirme, pero por favor, no me hables a todas horas. Tengo muchas cosas que hacer. Esta tarde descansaré durante diez minutos, dime entonces todo lo que creas que es importante para mí. Te escucharé con atención y te agradeceré tus informaciones".

Por supuesto que deberás cumplir tu palabra, tomándote el descanso prometido y escuchando la voz. Te sorprenderá la información tan valiosas que se puede conseguir por este medio.

Quizás alguien piense: "¡qué idiotez, yo no escucho voces de ninguna clase! ¡el que sufra un problema así debe estar loco!". Pero créeme, son muchas las personas en cuyo interior no cesa de sonar una especie de cinta magnetofónica. A unos el miedo a ser tachados de dementes les impide contarlo y otros se imaginan que a todo el mundo le ocurre lo mismo, pero no están locos ni mucho menos.

Bien, no oyes voces. ¿Tampoco tienes visiones internas? Un número considerable de individuos las tienen, pero suelen estar tan ocupados que no son conscientes de ellas. Pon atención a los movimientos oculares de la gente y podrás descubrir dónde se está desarrollando un proceso visual interno.

Supongamos que ves imágenes, pero son tan negativas que las rechazas. ¿Qué se puede hacer? Acuérdate de las submodalidades visuales y de cómo aplicarlas para transformar las imágenes indeseables en visiones amables.

A modo de ejercicio -¡solo a modo de ejercicio!-, visualiza la imagen de un sujeto autoritario, tu jefe mismo, en el caso de que se trate realmente de alguien autoritario, pero cuidado, no trivialices el ejercicio experimentando con la imagen de cualquier persona.

Comienza a variar la visión en tu fantasía, aumenta su tamaño, empequeñécela, aléjala, acércala, cámbiale el color y la luz, hasta que consigas un resultado que sea de tu agrado, hasta que te sientas a gusto contemplando a tu "jefe". Ahora envíale una gran claridad, envuélvelo en unos colores maravillosos, no le pongas límite a tu creatividad. ¿No te sientes mucho mejor con el "nuevo jefe"?

Repite el proceso unas cuantas veces, acelerándolo cada vez más. Vuelve a repetirlo en la realidad, cuando estés de verdad frente a tu terrible jefe. Tal vez no se percate enseguida de tu cambio, pero puedo asegurarte que en vuestro segundo encuentro todo será distinto.

Está técnica suele funcionar bastante bien con los jefes, los colegas, los clientes, los profesores, los alumnos, los padres, los niños, etc. Ponla a prueba, déjate sorprender, concédete una oportunidad. El verdadero beneficio, por otra parte, se producirá cuando seas capaz de aplicar cotidianamente esta técnica, cuando estés tan habituado a modificar las submodalidades que para ti solo existan imágenes positivas.

Pero continuemos con las sensaciones negativas. En la esfera laboral, hay personas a las que, con solo pensar en un individuo determinado, les duele el estómago. Apenas queda casi nadie que no sufra tensiones musculares en las vértebras cervicales. A otros les duelen las rodillas -ya he explicado que la causa de semejante dolencia suele ser de origen psicológico-.

Por fortuna, no se requiere demasiado tiempo para positivizar una imagen negativa. Casi todo el mundo posee alguna experiencia en este sentido. Por muy mal que nos encontremos, la vista de un crepúsculo, por ejemplo, actuará sobre nuestro estado anímico y mejorará de paso nuestro estado físico. A un sujeto de tipo visual le bastará contemplar algo agradable para animarse, mientras que al tipo auditivo le bastará escuchar un sonido placentero o una voz interna.

A los sujetos fuertemente kinestésicos les resulta difícil ver u oír algo en su interior. Pese a todo, deberían complementar sus técnicas transformadoras con las submodalidades visuales y auditivas, las cuales, practicadas con intensidad, son muy adecuadas para estimular las sensaciones corporales y fijar el rumbo de los cambios físicos.

Toma conciencia de tus sensaciones físicas. ¿Captas algo desagradable en alguna región de tu cuerpo?, ¿están tensos los músculos de tu frente, de tus ojos, de tus mandíbulas?, ¿notas presión en el pecho o en el estómago?, ¿sientes un hormigueo en las piernas o un dolor de espalda?, o simplemente ¿te encuentras mal y no sabes cuál es la causa? Demasiadas personas reprimen sus sentimientos de forma permanente, para no tener que enfrentarse cada día a sus heridas y a sus deficiencias. Debido a esto han de aceptar, ya sea en el plano consciente o en el inconsciente, que su cuerpo se torne rígido y que su energía no fluya libremente.

Muchos ni siquiera le prestan atención a las señales que su cuerpo les envía, por temor a no reaccionar adecuadamente frente a lo que podrían descubrir. Si es este tu caso, agradécele a tu cuerpo que te haya mantenido al margen de tus sensaciones negativas durante tanto tiempo. Tu inconsciente, que no lo olvides: siempre tiene una finalidad positiva, lo había decidido así. ¿Deseas demostrarle a tu inconsciente que puedes enfrentarte a las sensaciones físicas negativas? Existe una sencilla técnica para convertirlas en algo placentero y enriquecedor. Probarla no entraña riesgo alguno, porque es muy fácil restablecer el estado original.

Comencemos el experimento. ¿Qué es lo que te molesta?, ¿estás arrugando la frente?, ¿la notas tensa, te duele? Ténsala aún más, deja que la tensión se extienda por tu rostro, tu cabeza... El arroyo que se desborda e inunda la pradera, al dispersarse se debilita. ¿Le ocurre lo mismo a tu dolor? Imagínatelo todo con la mayor plasticidad posible, con escenas llenas de color y de movimiento, y todo resultará más efectivo. Al final, si persiste algún resto de dolor, expúlsalo de tu interior como si fuera una neblina que se disuelve sin dejar rastro.

Haz más experimentos, explora todas las posibilidades. ¿Te molesta ese hormigueo de tus piernas? Transfórmalo en una especie de temblor y acelera su frecuencia hasta que se convierta en una vibración rítmica. Si esto no resulta, ralentízalo hasta que apenas lo sientas.

Hay personas a las que les duelen los músculos del cuello, porque siempre los tienen contraídos. Un buen remedio consiste en elevar los hombros hacia arriba tanto como se pueda, echar la cabeza hacia atrás y tensar los músculos cervicales. A continuación, soltarlo todo, inspirar profundamente y enviar ese aliento vivificador a la zona cervical. ¿Puedes ver tu aliento fluyendo hacia el cuello como una corriente curativa? Una vez que hayas conseguido relajar la zona, ¡alégrate!, y manténla así en lugar de esperar que vuelva a tensarse.

Los dolores de espalda son un mal general. Trata de concentrarlos en un punto y envíales un imaginario rayo de luz solar. Absorbe la luz del astro rey con los ojos y condúcela a través de tu cuerpo hasta el punto dolorido, y entonces disuélvelo. Tu fantasía puede ser una herramienta muy poderosa.

Espero que hayas comprendido el principio. No importa que dudes, lo único que cuenta es que lo intentes. Si no obtienes resultados inmediatamente, no te preocupes, probablemente lo consigas tras dos o tres intentos. Conozco personas voluntariosas, habituadas al éxito, que no han cejado en su empeño hasta lograrlo. ¿Tomarás conciencia alguna vez de que tú también posees un cuerpo maravilloso, un cuerpo vivo que respira e irradia energía, un cuerpo con el que sentirse a gusto y gozar de la vida?

El siguiente ejemplo pone de manifiesto la enorme utilidad de estas sencillas técnicas. Gira alrededor de una estudiante del Dr. Fries que padecía intensos dolores de cabeza.

"Mariana, ¿qué es lo que te produce esos intensos dolores de cabeza?".

"Siento el cogote muy pesado, muy voluminoso".

"¿Qué ves?".

"Veo un cerebro detrás de mí".

"¿Grande o pequeño?".

"Posee dos hemisferios, grandes y grises".

"Acláralos. ¿Le ocurre algo al dolor?".

"Está disminuyendo".

"Envíale aún más luz".

"El cerebro se encoge. La imagen se hace más pequeña, está penetrando en mi cabeza, noto calor".

"Y el dolor, ¿sigue igual?".

"Ha cambiado. Ahora está sobre mis ojos, no puede compararse con el anterior".

"¿Deseas que se quede así?".

"No".

"Entonces ilumínalo todavía más y sigue empequeñeciéndolo".

"Se está levantando".

"¿Se dirige hacia arriba? Alza tu cabeza y síguelo con la mirada".

"Ahora está sobre mi nariz".

"Haz que siga elevándose".

"Ya no siento otra cosa que el calor. El cerebro flota por encima de mi cabeza. Tengo una sensación de calor".

"¿Y qué ha sucedido con el dolor de cabeza?".

"No lo siento. Solo me queda una tensión algo extraña".

"¿Te conformas con esto o crees que aún podrías mejorar las cosas?".

"Me gustaría que la tensión desapareciera también".

"Elévala y contempla cómo se aleja de ti. ¿De qué color es?".

"Le he dado un color muy luminoso, blanco. La he convertido en un pájaro".

"¿Qué clase de pájaro?".

"Un pájaro blanco".

"¿Vuela o está posado en algún sitio?".

"Flota, como el cerebro hace un momento".

"¿Es bello el pájaro? Hazlo bello".

"Ya lo he coloreado".

"¿Te gusta más?".

"Sí, es maravilloso. Tiene una cola muy larga. Puede echar a volar en cualquier momento".

"Déjalo que vuele".

"Flota, y se aleja. Se hace cada vez más pequeño".

"Manténlo conectado a ti o déjalo desconectarse, haz con él lo que más te convenga".

"Quiero que se eleve, que flote, que se vuelva cada vez más pequeño".

"¿Qué está haciendo en las alturas?".

"Está gritando". Se rió. "Mi dolor de cabeza ha desaparecido por completo. Quizás haya sido a causa del grito".

"Entonces, déjalo que siga gritando ahí arriba".

¿Sufres tú también dolores de cabeza? Pues hazlos gritar. Seguro que lo consigues.

Lo anterior no es más que el principio. Llegará un día en que te parezca raro oír "sugestiones" negativas, tener visiones destructivas o padecer molestias corporales. Te sentirás satisfecho de tu estado anímico, y con razón.

No obstante, hay días, que suelen presentarse de un modo cíclico, en los que se nos exige más de lo que nuestras reservas energéticas dan de sí. En esos momentos lo que cuenta es resistir, aunque llevemos veinticuatro horas seguidas sin ser relevados, y mantener la mente despejada. Necesitaríamos una dosis extraordinaria de energía vital, de capacidad productiva, de dinamismo, de concentración, de serenidad, en definitiva, una reserva óptima y suficiente de recursos.

Al principio de este trabajo hablé del "Moment of Excellence." En ese momento es posible desplegar una gran cantidad de energía, pero no siempre resulta suficiente para responder a los retos de la vida laboral. Se precisa algo más que sentirse bien: recursos especiales que acrecienten, de forma natural y con un efecto inmediato, nuestro potencial productivo. Un recurso natural al que se accede a través de un estímulo espontáneo es bastante más recomendable que todas esas píldoras excitantes y complejos revitalizadores engullidos por tantos y tantos individuos, abrumados por sus responsabilidades profesionales.

Ya he descrito como se crea, genéricamente, un recurso. Aquí me limitaré a dar algunas indicaciones de especial interés para la esfera laboral.

El camino más sencillo consiste en anclar los momentos en que nos sentimos bien, satisfechos con nosotros mismos, felices, orgullosos, ilusionados. Tras repetir varias veces el proceso habremos creado un *engranaje* con el que será posible "elevar" el ancla en cualquier momento y volver a sentirnos magníficamente.

¿Eres capaz de reconocer tus estados de bienestar? Pon atención la próxima vez que te sientas satisfecho de ti mismo. Esos momentos son mucho más comunes de lo que crees.

¿Has conseguido crear alguna vez una relación constructiva con un cliente particularmente difícil, con un colaborador, con tu jefe, con tu compañera, con tu hijo...? ¿Has empleado argumentos convincentes durante una discusión? ¿Has superado un examen?, ¿has conseguido batir una marca deportiva personal? ¿Has reaccionado con serenidad frente a los ataques y las críticas? Un momento de satisfacción no tiene por qué ser un acto grandilocuente. Lo que cuenta es que sea un acto de calidad. ¿Recuerdas algún éxito reciente?, ¿no...?, ¿tu presente es realmente tan triste? Acuérdate entonces de alguna experiencia pasada.

Pero, ¿qué hacer cuando no se recuerda ningún momento exitoso? Ciertos pretendidos fracasados están absolutamente convencidos de no haber hecho nunca nada satisfactorio, de haberse sentido mal permanentemente. Suele ser bastante fácil demostrarles lo contrario, pese a que muchas veces no tienen ningún interés en que se les convenza.

Lo mejor será poner sobre la mesa una par de preguntas provocadoras: así que Vd. nunca tiene éxito. ¿No sabe hacer nada?, ¿se ata Vd. mismo los cordones de los zapatos por la mañana?

"Por supuesto que sí, pero...".

"Los niños pequeños no saben hacerlo, ni las personas débiles. ¿Utiliza Vd. el coche para ir a trabajar?, ¿ha tenido muchos accidentes?".

"Utiliza el coche lo mismo que todo el mundo y he tenido un solo accidente".

"Son incontables los casos de personas que, pese a intentarlo durante años, no consiguen el permiso de conducir. Dígame, "¿Vd. sabe leer y escribir?".

"Por supuesto, todos hemos ido al colegio. Cualquier individuo civilizado sabe leer y escribir".

"Pues en Alemania hay cerca de un millón de adultos que no saben. ¿Conocía Vd. el dato?".

Empleando este método, pocos son los que no acabarán por recordar alguna experiencia exitosa, subjetiva y personal.

En el improbable caso de que realmente no recuerdes nada, recurre a un modelo ajeno y ejemplar. Puede tratarse de alguien a quien conozcas personalmente, de un personaje célebre, de un empresario exitoso, etc. Ni siquiera es preciso conocer bien el modelo, con tu fantasía le conferirás todas aquellas cualidades que desees poseer.

Cierto ingeniero que, aún siendo un experto especialista, carecía de la personalidad suficiente para hacerse respetar por sus colaboradores, eligió como modelo a su jefe. "Deseo ser como él", dijo. "Hace poco almorzamos juntos, lo vi tan seguro de sí. Posee una enorme autoconfianza, pude apreciarlo cuando entramos en el restaurante: el camarero se aproximó inmediatamente. En cambio a mí, siempre tardan mucho en hacerme caso".

Para acrecentar tus recursos de reserva dedícale un tiempo suficiente a la búsqueda de sensaciones y experiencias placenteras. Ponte cómodo, revívelas de forma asociada y en el momento más grato, fondea tu ancla. Así, podrás reactivarlas cuando quieras.

El paso siguiente es aprender, ejercitándose, a poner en marcha con rapidez tu nuevo "programa" mental, a acceder sin demora a tu depósito de buenas sensaciones y habituarte paulatinamente a ese amable estado anímico. Cuando lo hayas hecho, podrás estar seguro de que no te faltarán recursos ni siquiera en las situaciones más difíciles, tendrás una especie de "batería" que jamás se agotará.

Puede darse el caso de que tu nuevo arsenal, por óptimo que sea, no tenga efectividad frente a un ancla negativa profundamente enraizada. A veces las experiencias de fracaso y sus correspondientes emociones se graban tan intensamente que acaban formando parte de nuestra personalidad y convirtiéndose en pesadas cargas psíquicas.

Cualquier efecto negativo puede suavizarse mediante la técnica del *colapso de las anclas*. Como escribí en el capítulo IV, en el párrafo titulado "Anclar los resultados", es necesario fondear dos anclas en zonas diferentes del cuerpo, una para los hechos positivos y otra para los negativos, y entremezclarlas a continuación. El resultado será un nuevo estado emocional que te permitirá reaccionar más correctamente frente a cualquier "viejo" estímulo negativo. Si ese estado no te parece tan satisfactorio como esperabas, recuerda que no es más que una mezcla.

Después has de tender el puente hacia el futuro. Piensa en una situación similar a la que originó el ancla negativa y calibra tus sentimientos: ¿son menos angustiosos?, ¿has eliminado el ancla anterior?, ¿serás capaz de reaccionar de manera distinta en el futuro?

Motivarse y motivar a otros

En el párrafo dedicado a la creación de las bases del éxito, la segunda pregunta decía: ¿te sientes motivado? ¿sabrías transmitir tu motivación? La motivación es un factor que incide poderosamente en la productividad, tanto en los sectores profesionales como en los privados.

Examinemos, por ejemplo, el campo del aprendizaje. Aquí la motivación desempeña un papel fundamental. La carencia de motivación es uno de los mayores problemas de la población estudiantil. Sería de esperar que, al menos los estudiantes universitarios, tuvieran deseos de estudiar, puesto que fueron ellos mismos quienes escogieron su carrera, pero la realidad es muy distinta. Lo atestiguan las quejas que oigo a menudo. "¿Por qué me cuesta tanto ponerme a estudiar? ¿qué podría yo hacer para motivarme?". La motivación es la condición previa de cualquier acción humana. Conociendo la estrategia motivacional de un individuo, podremos ejercer mayor influencia sobre él. Todo aquel que desee motivarse para emprender una actividad determinada deberá comenzar por examinar su *estrategia motivacional*, porque decir "motivación adecuada" equivale a decir "estrategia motivacional correcta". Muchas veces, la causa de que no logremos motivarnos estriba en que nuestra estrategia es errónea.

El ejemplo que sigue está tomado del terreno estudiantil, pero es igualmente aplicable a cualquier otra actividad.

"¿Por qué me cuesta tanto ponerme a estudiar?, ¿qué podría yo hacer para motivarme?". Fue R., un estudiante de ingeniería electrónica, quien me formuló estas preguntas. La perspectiva de estudiar le había hecho mucha ilusión, pero ahora se encontraba muy decaído. Cada vez que debía ponerse a estudiar, se le iban las ganas nada más sentarse ante los libros. Antes de examinar su estrategia motivacional quise aclarar si existía alguna otra razón para su desgana.

"¿Está seguro de haber escogido bien su carrera? No se precipite con la respuesta. La motivación más profunda no sirve de nada cuando se pretende estudiar algo para lo que no se está dotado. Si falta el talento, todo cuesta demasiado esfuerzo, y me estoy refiriendo a mi propia experiencia. Mi profesión actual me satisface plenamente, casi podría decir que se trata de mi hobby, pero tardé mucho en llegar hasta aquí, di numerosos rodeos antes de acertar. Son muchos los jóvenes que se equivocan de carrera, jóvenes mal aconsejados que acaban ejerciendo una profesión que no les gusta. Todo aquel que se dé cuenta de su error debería cambiar de trabajo, aunque sea difícil.

La respuesta de R. fue clara e inequívoca: "siempre he deseado ser ingeniero y creo que tengo el talento necesario para serlo. Lo que sucede es que hay muchas asignaturas tan abstractas, tan teóricas. Echo de menos la práctica. Lo peor de todo son las asignaturas en las que es preciso memorizar gran cantidad de datos, no se me dan nada bien".

"A Vd. le ocurre lo mismo que a todo el mundo. Por mucho que nos guste nuestro trabajo, siempre hay algo que nos resulta monótono y penoso, escasamente interesante. Pero es una parte más y hay que hacerla. Las matemáticas aplicadas y otras materias similares también forman parte de su carrera, le convendría motivarse positivamente".

Afirmó con la cabeza, pero advertí una duda en sus ojos. "Imagínese que se ha propuesto estudiar algo de matemáticas. ¿Cómo procede? Descríbamelo con detalle".

"Hace dos días que tuve un examen. Quise prepararme con la suficiente antelación, pero lo fui dejando de un día para otro, hasta que fue demasiado tarde. Ya no había tiempo material para prepararse, así que decidí leer únicamente lo más importante. Estaba persuadido de que no aprobaría y eso me asustaba, porque podía significar suspender la asignatura. El miedo a tener que repetir curso me impulsó finalmente a abrir los libros, pero no logré memorizar nada, no entendía lo que leía, no lo asimilaba".

"¿Superó la prueba?".

"Claro que no".

La estrategia de R. se ajustaba a la típica motivación negativa. Lo único que lo empujaba a estudiar era el miedo al fracaso, pero empezaba demasiado tarde y sus esfuerzos resultaban vanos, el temor lo atenazaba le impedía asimilar las cosas.

La mayor parte de quienes no saben motivarse adecuadamente emplean idéntica estrategia: arreglan la casa cuando se anuncia una visita, se levantan a tiempo por miedo al jefe, son como niños que se toman la papilla para que no les regañen.

Traté de averiguar los pormenores de su estrategia. "Supongamos que aún faltan bastantes días para el examen. Vd. quiere aprendérselo todo con tiempo y ha decidido ponerse a estudiar esta misma noche. 'Esta noche' significa cualquier noche del pasado. ¿Qué pasa por su mente antes de ponerse a estudiar?".

Lo observé minuciosa y reflexivamente mientras respondía. "Se me ocurre que tengo que enfrascarme durante horas en ese temario tan tedioso y me invade un cansancio enorme. En ocasiones dejo el libro y me pongo a mirar la televisión".

Al pronunciar las primeras palabras, "se me ocurre que...", había dirigido su mirado hacia la parte superior izquierda, lo cual equivale a evocar una imagen del pasado. Después miró hacia abajo, a la derecha, reexperimentando el cansancio que se apoderaba de él en esas ocasiones.

Su estrategia era muy sencilla. Visualizaba previamente una escena negativa, se sentía mal y ya no podía motivarse correctamente. Tan solo la potente motivación negativa representada por el temor a lo que ocurriría si no estudiaba lo decidía finalmente a acomodarse en su mesa de trabajo. Las condiciones, lógicamente, ya no eran las más idóneas para estudiar. Todo aprendizaje requiere que nos hallemos libres de miedos y relajados.

Se imponía un cambio de estrategia. Existen dos opciones, que pueden ilustrarse con el socorrido ejemplo del asno obstinado que no quiere regresar a la cuadra. Podemos apalearlo hasta que, harto de soportar los golpes acabe por entrar en la cuadra, o bien podemos poner ante él una apetitosa zanahoria para que lo haga voluntariamente. Es evidente que el segundo método da mejores resultados y requiere un menor gasto de energía.

Entonces, ¿por qué no hacer lo mismo con las personas? En el caso concreto de R., ¿qué podríamos utiliza como zanahoria? La cuestión era que había que buscar la motivación no en el tema a estudiar, sino en lo ya estudiado, esto es, en los resultados, en lo que conseguiría.

"Imagine que ha acabado de estudiar, una lección de un tema cualquiera. La ha leído, la ha sintetizado, ha hecho los ejercicios correspondientes y lo ha repasado todo. Ahora está en pleno examen de fin de curso , todo marcha estupendamente, se acuerda de todo lo que ha estudiado. Está muy contento a causa de su éxito. Vea la situación con nitidez y sienta cómo la alegría se apodera de Vd.".

Le pedí que repitiera un par de veces más la misma fantasía, con solo algunas variaciones leves. A continuación le dije que visualizara otras situaciones donde pudiera emplear su nuevo patrón estratégico. Mi objetivo era anclar firmemente el patrón en su inconsciente. A fin de cuentas, no se trataba únicamente de resolver el problemas de las matemáticas aplicadas, sino de facilitarle la ejecución de cualquier tarea.

Mis observaciones me convencieron de que había visualizado las escenas de forma asociada y de que había gozado verdaderamente de los resultados. La nueva estrategia había sido implantada.

Con objeto de alejar de él cualquier duda futura, le hice algunas sugestiones antes de dar por terminada la sesión. "Cada vez que se proponga estudiar, se imaginará automáticamente el *resultado*. Entonces se apoderará de Vd. un sentimiento de alegría, se sentará en su mesa de trabajo y aprenderá sin esfuerzo".

Unos días después R. me contó que su nueva estrategia le estaba dando buenos frutos. Por fin podía motivarse para el estudio en cualquier momento.

Connirae y Steve Andreas describen cuatro tipos de motivación ineficaz bastante corrientes:

1ª) *La motivación negativa.* A veces es útil pensar en las repercusiones negativas que puede tener no hacer una cosa, pero no hay que limitarse: la motivación positiva es mucho más valiosa.

2ª) *La motivación dictatorial.* Muchos sujetos se sienten motivados por una voz interior que les da órdenes: "¡debes hacer esto!" o "¡esto siempre se ha hecho de tal manera!" A menudo se trata de las mismas órdenes que escuchamos en nuestra infancia y que ahora se las transmitimos a nuestros hijos. Los autores antes mencionados proponen sustituir las órdenes por deseos expresados con una voz agradable, suave y tentadora.

3ª) *La motivación enfocada hacia el trabajo a realizar.* Esta forma de motivarse es eficaz cuando nos gusta el trabajo que tenemos ante nosotros, lo cual no es demasiado corriente. A la hora de realizar una tarea desagradable es preferible pensar en los resultados, en el sentido y en la utilidad de nuestro esfuerzo.

4ª) *La motivación abrumadora.* Se trata de una estrategia negativa que obstaculiza numerosos procesos de aprendizaje. El objetivo aparece tan lejano en el tiempo que más que motivar, es fuente de desánimo. Un ejemplo actual es la informatización del trabajo. A muchos empleados ya mayores les horroriza aprender a manejar un ordenador a causa de los manuales, que les parecen un asunto interminable. Los jóvenes lo resuelven de una forma muy diferente, experimentando, comprobando si sus ideas desembocan en el resultado esperado. Así aprenden en poco tiempo y se convierten rápidamente en verdaderos expertos.

Ciertamente, quienes se acerca a la informática imbuidos de temor hacia los habituales manuales -tan extensos-, suelen desanimarse hasta el punto de renunciar. La solución consiste en adoptar una estrategia más adecuada: hay que fraccionar la materia de modo que se creen diversos objetivos a corto plazo en lugar de uno solo alejado en el tiempo. Una vez logrado el primer éxito pequeño, el segundo resultará más sencillo, y así sucesivamente -quienes tiendan a tirar la toalla a causa de la lejanía de una meta quizás deberían alejarla todavía más, de manera que deje de constituir un peso psicológico-. Acumular pequeños éxitos es una forma de alimentar la motivación continuamente.

Imagina que está delante de una escalera altísima, que deseas ascender por ella y que miras hacia arriba. El final te parecerá tan inalcanzable que desistirás. Si, por el contrario, te fijas únicamente en los peldaños más próximos, el ascenso resultará más sencillo y requerirá un esfuerzo mucho menor.

Otro camino es copiar un modelo, imitar a alguien cuya motivación sea especialmente fuerte. El ejemplo que sigue, que gira en torno a un comunicador estrella capaz de motivar a sus oyentes hasta el paroxismo, podría ser un buen modelo.

Udo Abel es un asesor empresarial que se dedica también a impartir seminarios de perfeccionamiento. Cierta vez en que había sido invitado a un seminario del Dr. Fries nos impresionó a todos. Realmente, parecía poseer un don singular.

"En pocos minutos puedo lograr que un grupo de gente concentre su atención en mis palabras y se entusiasme", aseguró sin rodeos. Todos lo miramos expectantes. Era justamente lo que nosotros necesitábamos: ser capaces de fascinar a las audiencias. Desde luego, sería una magnífico punto de partida para nuestro trabajo terapéutico.

"¿En qué convicciones te apoyas?" le preguntó el Dr. Fries.

"Estoy seguro de tener éxito en las relaciones con los demás; estoy persuadido de que puedo cautivar la atención de mis oyentes en cualquier momento. Mis palabras los fascinarán, los entusiasmarán. Sé que va a suceder, que siempre sucede así. Me siento completamente seguro y libre. Dejo de ocuparme de mí mismo y puedo ocuparme de los demás".

"Descríbenos esa cualidad tuya".

"Antes de hablar, cuando pienso en las experiencias que van a vivir todas esas personas gracias a mis palabras, me invade una gran ilusión. Hay muchos profesores que tiemblan con solo pensar en los cursillistas; yo, en cambio, me ilusiono enormemente. Lo peor es la última media hora previa al seminario, los cursos me atraen como imanes, me gusta comunicarme con la gente y estoy ansioso por empezar. Suelo visualizar cómo será el curso y entonces me siento empujado a convertirlo todo en realidad. Me costó algún esfuerzo desarrollar este potencial, yo era muy tímido antes."

"A menudo son las crisis vitales las que nos impulsan a abrirnos un nuevo camino. ¿Cómo fue tu experiencia al respecto?".

"Durante mis estudios en los Estados Unidos, hice un curso de retórica. Al finalizar, teníamos que dar una conferencia de treinta minutos ante unas cuatrocientas personas. Había que hablar en inglés, sin apuntes, y el contenido del discurso debía reflejar todo lo que habíamos aprendido. La perspectiva me asustaba un poco, porque el inglés no es mi lengua materna. 'Casualmente' di con un libro de psicocibernética y decidí prepararme a fondo para la gran aventura. Me introduje en el aula desierta y sin que nadie me viese me subí a la tribuna y me imaginé a la audiencia. Pronuncié mi discurso ante ese público imaginario. Viví toda la experiencia como si fuese real, observando los rostros interesados de la gente, oyendo los inevitables comentarios burlones y sobre todo, constatando que la reacción general era muy halagüeña.

Conociendo ya el lugar donde se desarrollaría el acto, volví a casa y me preparé todo lo demás. Elaboré unas fichas de palabras-clave y comencé a ensayar, sin dejar de visualizar en ningún momento lo que sería la escena real. Repetí el ensayo unas sesenta o setenta veces.

Cuando finalmente llegó el día señalado apenas si podía resistirlo. Sentía una imperiosa necesidad de subirme al podio y empezar a hablar. Fue maravilloso, fue la primera vez que gocé pronunciando un discurso ante una audiencia tan numerosa".

"¿Cómo preparas los seminarios?".

"Todos los seminarios me ilusionan. Soy consciente de que la gente trae ciertas expectativas y disfruto preparando algo nuevo para ellos. Me satisface pensar en la experiencia que me aguarda, en lo que yo le aportaré a la gente y en lo que la gente me aportará a mí. Es como si tuviera una cesta llena de regalos que hay que ir desempaquetando. ¿Qué significado tienen para mí los cursos? Son una oportunidad de ofrecer algo a otros".

"¿Qué significa para ti dar?".

"Significa que sirvo para algo, que mi existencia tiene valor. Me hace feliz que la gente me pida consejo, poder ayudar en el terreno personal y en cualquier otro. En Austria tuve una experiencia muy interesante. Organicé un seminario convivencial y uno de los asistentes me dijo que lo que yo enseñaba era una tontería, una pérdida de tiempo. Le di las llaves de mi automóvil -yo sabía que había venido en un coche compartido- y le dije: 'Le admiro. Ha tenido Vd. el valor de malgastar dos días enteros teniendo cosas más importantes que hacer. Coja mi coche y vallase, no lo necesito hasta que acabe el seminario.' El hombre se sintió muy sorprendido y aprovechó bastante bien el resto del curso".

Todo el grupo se apercibió de la intensa fascinación que emanaba de Udo mientras nos hablaba de sus convicciones y nos contaba sus experiencias. Era realmente capaz de transmitir sus emociones, su poderoso deseo de dar. Estaba como autohipnotizado, le bastaba hallarse ante una audiencia para caer en una especie de trance.

Hablando con él detenidamente, me di cuenta de que invertía mucho tiempo y esfuerzo en potenciar sus cualidades. Preparaba con mucho cuidado el material de los seminarios, procuraba conocer con antelación los locales donde debía hablar, contactaba con los participantes antes de iniciar los cursos, todo ello para estar en condiciones de imaginar el desarrollo de los acontecimientos. ¡Era un auténtico maestro de la comunicación!

Saber motivarse para cualquier tarea es un recurso fundamental. Si aún no has encontrado la técnica que más te conviene entre las descritas, inténtalo con el método siguiente, concebido por Jean Houston.

Esta autora, en su libro "El hombre posible", describe varios procedimientos para ampliar la conciencia bastante efectivos. Algunos de ellos parten de la suposición de que los seres humanos, aparte de nuestro cuerpo físico, poseemos algo semejante a un cuerpo etérico. Jean Houston lo denomina *cuerpo kinestésico,* o cuerpo proyectado.

Utilizando conscientemente esa proyección corporal podríamos intervenir en tanto aquellos procesos físicos que escapan al control de la conciencia como en los mentales. Entre otras cosas, esta técnica sirve para superar con cierta facilidad los miedos, las inhibiciones y los bloqueos.

Houston escribe: "Visualice la situación conflictiva -un encuentro o una conversación difíciles, un examen, etc.- y proyecte su cuerpo kinestésico en ella. Insista hasta que vea las cosas de una forma realista. Mientras lo hace vaya preparando su cuerpo, su mente y sus emociones, para que llegado el momento pueda Vd. reaccionar de diversos modos lo suficientemente óptimos. Esto le ayudará a realizar cualquier tarea con el menor esfuerzo. Yo suelo proceder así cada vez que me noto bloqueada a la hora de escribir. En primer lugar bailo un poco para estimular mi circulación sanguínea y olvidarme de mi actitud contrariada. Al moverme, enfoco mi atención sobre el tema del que pretendo tratar y cuando me siento totalmente despierta proyecto mi cuerpo kinestésico delante de la máquina de escribir. Me visualizo a mí misma escribiendo y, transcurridos unos pocos minutos, siento la imperiosa necesidad de seguir el ejemplo de mi cuerpo proyectado".

La técnica de Jean Houston es una sinestesia de dos sistemas perceptivos distintos. Gracias a la visualización intensa del cuerpo proyectado se estimula el cerebro, induciéndolo a que desencadene determinados movimientos musculares.

Probablemente no se pueda bailar en una oficina o en otros lugares similares. Afortunadamente, basta con imaginarse un movimiento de un modo concentrado para que el cuerpo lo ejecute casi automáticamente y lo que funciona en el plano físico, funciona igualmente en otros planos.

Ser y parecer congruente

La siguiente pregunta que le formulamos a Udo Abel fue: "Vd. parece congruente. ¿Lo es de verdad?".

"Yo quisiera vivir tal como se lo recomiendo a los demás. Aspiro a ser un ejemplo de lo que predico. No deseo limitarme a señalar un camino, sino tomarlo yo mismo, ser congruente".

Son las palabras de un hombre con personalidad. A pesar de que resultaba muy convincente, en su fuero interno no acababa de sentirse íntegro, le faltaba congruencia. Se había puesto muy alto el listón a la hora de juzgar su conducta, es imposible para un ser humano alcanzar tanta perfección.

No obstante, empeñarse en ser congruente es seguramente uno de los rasgos definitorios de las personas exitosas. Los incongruentes no inspiran confianza, no les creemos, dudamos de sus palabras muchas veces de una manera inconsciente, no los aceptamos como dirigentes, incluso los rechazamos.

Los vendedores que no creen en la utilidad de su mercancía nunca resultan convincentes; el orador que defiende una causa que a él mismo le parece injusta podría ahorrarse sus palabras; los políticos que se limitan a repetir los dictados de sus partidos resultan inconsistentes; los padres golosos que le prohiben los dulces a sus hijos no son obedecidos; los ejecutivos poco entusiastas nunca consiguen motivar a sus colaboradores.

Ser congruente significa que no hay discrepancia, sino armonía, entre las distintas formas de expresión de un ser humano, que sus actos, sus palabras, sus emociones, sus convicciones, concuerdan entre sí. Cuando no se dan tales condiciones, nuestros interlocutores, ya sea consciente o inconscientemente, se percatan de la incoherencia y reaccionan en consecuencia.

En los cursos de retórica se utiliza un sencillo ejercicio para demostrar lo que es la incongruencia. Se le pide al orador que piense primero en algún plato que le disguste y más tarde, en su plato favorito. A continuación deberá describirlos sin que se le note cuál le gusta y cuál no, más aún, tendrá que convencer a la audiencia de que los dos le parecen exquisitos.

Observando con atención, la diferencia salta a la vista. Por muy buen actor que sea el orador y por mucho que se esfuerce, siempre resulta incongruente al hablar del plato que le disgusta.

En mis cursos de retórica suelo realizar otro ejercicio de este tipo. El orador ha de narrar alguna experiencia que le haya resultado muy satisfactoria. Permítaseme repetir aquí las palabras de cierta estudiante que lo hizo con tanta ilusión, con los ojos tan brillantes y con tan vívidos gestos, que cautivó a toda la sala. Sus expresiones reflejaban fielmente los sentimientos que la experiencia le provocó, de manera que transmitía una impresión de absoluta congruencia.

Había ido a un hipermercado a hacer las compras. Cuando volví al aparcamiento vi a un joven acomodado en un deportivo que estaba justo al lado de mi viejo coche. La sonrisa que me dedicó me hizo temer que tenía intención de "ligarme". "Eche un vistazo bajo su coche, me parece que tardará Vd. un poco en llevárselo de aquí". Me pareció que estaba bromeando, pero al agacharme descubrí que se había roto el tubo de escape. "¿Qué voy a hacer ahora?", dije sorprendida. "Pues llamar a la grúa, o a un mecánico", me aconsejó con tranquilidad. Debí componer un gesto muy desconsolado al pensar en el escaso saldo de mi cuenta corriente, porque el muchacho se rió y descendió de su automóvil. "Trataré de arreglárselo. ¿Tiene Vd. una manta?". Lo único que podía ofrecerle era una bolsa de plástico vacía. Vaciló por un momento y luego desapareció bajo el coche, ¡con sus pantalones blancos!

"Se ha partido el gancho que lo sujeta", dijo al reaparecer con los pantalones manchados. "Creo que tengo uno parecido en mi caja de herramientas". Lo cogió y volvió a meterse bajo mi coche. Cuando salió nuevamente sus pantalones, sus manos y su camisa, eran una verdadera catástrofe. Se rió otra vez. Yo estaba algo desconcertada. "Muchas gracias. ¿Cómo podría devolverle el favor?". "Ya me has dado las gracias", contestó alegremente. Se introdujo en el deportivo y, despidiéndose con la mano, se marchó. Me quedé estupefacta, no era capaz de entender que existiera gente así.

Lo que nos impresionó de su relato fue el exacto acuerdo que reinaba entre sus palabras y sus sentimientos. El camino que conduce a la congruencia no es fácil de recorrer, pero puede hacerse. Trabajando constantemente en nuestra evolución, superando nuestros conflictos internos y desarrollando nuestros recursos, podemos aproximarnos paulatinamente al objetivo de convertirnos en personas congruentes.

Tener éxito en las relaciones con los demás

El término "persona" es muy genérico. Las "personas" son distintas unas de otras; debemos tenerlo muy en cuenta cuando nos relacionamos con ellas, individualizando nuestro trato, adaptándolo a las particulares circunstancias de cada quien. El primer paso, no obstante, siempre es idéntico, ya estemos tratando con un empleado o con un gerente, con un vendedor o con un cliente, con un abogado, con un funcionario, etc., para que la relación sea fecunda tendremos que establecer un rapport favorable.

Por desgracia, es muy fácil destruir un rapport, o impedirlo desde el principio. Basta una palabra imprudente para provocar una reacción negativa por parte de nuestro interlocutor. Una crítica, por ejemplo, es una agresión contra la integridad psíquica de muchas personas sensibles. ¿Has intentado alguna vez persuadir a un individuo de algo que no quisiese aceptar? ¿elevaste la voz hasta terminar gritando? Seguramente tus intenciones eran positivas, pero su efecto resultó opuesto al deseado. Gritándole a otra persona lo único que se consigue es que cierre todos sus canales perceptivos y que se destruya el rapport.

Hay sujetos que pretenden establecer un buen contacto dándole a su interlocutor una palmadita en el hombro o cogiéndole el brazo. A menudo, con estas acciones, no solo no consiguen crear un clima de confianza, sino todo lo contrario. Los seres vivos fijan un espacio intocable a su alrededor y cuando alguien traspasa esa frontera invisible, se revuelven instintivamente y con agresividad. Los grandes depredadores atacan inmediatamente cuando otros animales cruzan la raya crítica; el conejo huye rápidamente si el cazador se acerca demasiado. Las personas también tenemos esa zona reservada, tan solo aquellos a quienes nos une una íntima confianza pueden penetrar en ella sin que se produzcan tensiones.

Para comprobarlo, haz el divertido y constructivo experimento que sigue. El sitio más indicado para llevarlo a cabo es un restaurante o una cafetería. Tú estás sentado, frente a un amigo o amiga, acabáis de tomaros unos dulces. Ante cada uno de vosotros hay un plato, una vaso o una taza, un cenicero, etc. Empuja tu taza un poco hacia delante, acercándola a la zona reservada de tu acompañante, haz lo mismo con el plato, despacio y sin dejar de conversar. Seguidamente le tocará al cenicero y a todo lo demás. Llegará un momento en que tu amigo se colocará en situación de alerta y te mirará algo desconcertado. Si continuas con el avance de los objetos, posiblemente tengas que enfrentarte a una reacción explosiva. "¡Pero qué estás haciendo!", te contestará, o moverá las cosas con vehemencia en dirección contraria.

Cerremos el paréntesis del experimento y volvamos a nuestro tema. Supongamos que acabas de establecer un rapport armónico con alguien. Ahora convendrá averiguar cuáles son los sistemas perceptivos que prefiere, fijándote en sus expresiones favoritas, observando sus movimientos oculares y demás signos corporales. Pero no olvides que, para desentrañar el verdadero sentido de una palabra o de una frase, también es importante analizar los contenidos. Ya sabemos, gracias al meta-modelo, que las generalizaciones, las omisiones o las supresiones, distorsionan el mensaje y crean malentendidos. Es posible evitar la confusión inquiriendo por el significado de las expresiones vagas e imprecisas.

Cuando hayas comprendido bien el mensaje de tu interlocutor, solo necesitarás transmitirle adecuadamente el tuyo, empleando sus canales perceptivos preferidos y anclándolo en su mente del modo más indicado. Esto implicará, naturalmente, que tú sepas exactamente qué pretendes conseguir. Solo alcanzarás un resultado óptimo teniendo muy claros tus objetivos y comportándote de un modo congruente.

Con un poco de reflexión lograrás aplicar estos conocimientos en los terrenos más diversos, las ventas, los negocios, las conferencias, las situaciones conflictivas...

En los epígrafes siguientes voy a tratar de explicar cómo se puede tener éxito en las relaciones interpersonales. En primer lugar me centraré en el sector de los estudios. Me dirigiré a todo tipo de profesores o demás individuos que impartan clases o cursillos y les mostraré cómo se resuelve el problema de tener que transmitir unos conocimientos determinados a grupos heterogéneos de sujetos. En segundo lugar me centraré en el vasto sector de las ventas.

Acrecentar y mejorar la capacidad de aprendizaje

En esta época, en la que todo cambia constantemente, la capacidad de aprendizaje es un recurso que no solo debe interesar a los alumnos de las escuelas y las facultades. El progreso científico y tecnológico es tan vertiginoso e incide tanto en todos los ámbitos de nuestra vida, que solo quienes estén dispuestos a aprender continuamente podrán mantenerse a la altura de las circunstancias.

La expresión inglesa que define este estado de cosas es "Lifelong Learning" (aprendizaje permanente). Nadie puede pensar que basta con aprender de una vez un oficio y ejercerlo durante el resto de su existencia, es preciso seguir aprendiendo permanentemente para no rezagarse. Aquellos ingenieros, por ejemplo, que no se mantengan informados acerca de los progresos habidos en su especialidad, apenas si contarán con posibilidades de encontrar un nuevo empleo en el caso de que los despidan.

Saber aprender es, por lo tanto, más importante cada día. Aquí también es válida la ley de la economía, que dice: cada individuo dispone de una cantidad limitada de tiempo, dinero y energía, así que se necesita alcanzar el objetivo con el mínimo coste. En pocos terrenos se desprecia tanto esta ley como en el del estudio. A la vista del elevado porcentaje de fracaso escolar, o del alto número de escolares que luchan sin éxito por dominar la ortografía, parecería que el tiempo invertido en aprender algo es un factor sin importancia.

Todos deberíamos conocer algún método de aceleración del aprendizaje, de deleitarnos con el estudio y de restituir la naturalidad a un proceso prácticamente desnaturalizado. El aprendizaje auténtico ha de ser un acto placentero. No olvidemos que la curiosidad, el afán de aprender, son consustanciales al ser humano.

Me dirijo a toda clase de profesores y pedagogos, ya pertenezcan a los ámbitos de la enseñanza primaria, secundaria, formación profesional o cualquier otro, a los educadores, a los padres y principalmente, a quien desee aprender o esté estudiando algo.

Es evidente que las condiciones en que se desenvuelven los estudios dejan mucho que desear, tanto en los colegios como en las facultades. Mencionaré solo unos pocos de los problemas existentes: clases sobrecargadas, rigidez de los planes de estudio, intento de transmitir cantidades ingentes de conocimientos sin tener para nada en cuenta la capacidad de asimilación de los alumnos, problemas personales de los estudiantes (hiperactividad, estrés, agresividad, conflictos familiares) y de los profesores (nerviosismo, angustia, frustración, desmotivación), falta de contactos humanos entre alumnos y docentes, etc. En las facultades se añaden además problemas como la masificación y el anonimato, el excesivo número de exámenes, exigencia de una memorización desmedida, catedráticos que prefieren la investigación a la docencia...

Comparados con todo lo que acabo de decir, las condiciones de los seminarios de perfeccionamiento realizados por las empresas son bastante mejores, al menos en lo tocante a medios didácticos, profesores y plazas de estudio. Pero a pesar de ello, los resultados continúan siendo insatisfactorios. La causa radica en que, con frecuencia, tales seminarios se llevan a cabo fuera de los horarios de trabajo, con lo que esto conlleva de sobrecarga, y en el caso de que tengan lugar dentro del horario laboral, los trabajadores se verán obligados a esforzarse doblemente durante el resto de la jornada para recuperar lo perdido. Los peores resultados se dan, desde luego, entre los que son enviados contra su voluntad a los cursillos.

Las técnicas, los hallazgos que se describen en este libro, son aplicables tanto en el terreno del aprendizaje como en el del trabajo, y sirven para reducir el inmenso despilfarro de tiempo y recursos humanos. Los buenos docentes, aunque no encuentren nada demasiado nuevo en las páginas siguientes, quizás deseen poner a prueba alguno de los métodos que se exponen.

La enseñanza, para resultar eficaz, requiere que exista un rapport favorable entre el profesor y sus alumnos. Un clima armonioso y de mutua confianza es enormemente propicio para el aprendizaje. Esta relación personal suele faltar en la mayoría de los casos. Incluso existen docentes persuadidos de que un clima frío y objetivo fomenta el estudio, por lo que se decantan por aulas tristes y desnudas y procuran que nada distraiga la atención del alumno. En ciertas facultades se llega al extremo de utilizar mobiliarios negros, con lo que se crean atmósferas realmente lúgubres.

Uno de mis colegas, ya jubilado, me contó que durante los exámenes se situaba en el fondo de la sala con el fin de sorprender por la espalda a los estudiantes tramposos. A su entender, era esta una actitud muy inteligente y ni siquiera se sintió aludido cuando le relaté la siguiente experiencia, ocurrida en una fábrica textil.

Sucedió que las costureras, que trabajaban en cadena, no cesaban de quejarse de que sufrían intensos dolores de cabeza. Ningún tratamiento médico lograba erradicarlos y sin embargo, bastaban que llegasen las vacaciones para que se desvanecieran. Se llevó a cabo una investigación con objeto de determinar si había algún agente físico o químico responsable del malestar generalizado, pero los resultados fueron negativos. No obstante, al observar a las empleadas se advirtió que todas mantenían la misma postura tensa, metiendo la cabeza entre los hombros como si quisieran ocultarse.

El trabajo en cadena se desarrollaba de la siguiente forma: las mujeres se sentaban a ambos lados de la cinta transportadora que iba y venía por la sala y que rodaba siempre hacia su lado izquierdo. Cogían el material con la mano izquierda y lo reintegraban en la cinta una vez hechas las correspondientes costuras. Las personas que controlaban el trabajo daban vueltas en torno a la cinta, acercándose por detrás a las costureras para no tener que realizar sus inspecciones al revés. Tras reparar en este hecho fue sencillo explicar la causa de los dolores de cabeza. Las empleadas se sentía constantemente amenazadas, tenían la impresión de no poder escapar de alguien que siempre se les aproximaba por la espalda. La causa de los dolores no era otra que la tensión muscular que el miedo les provocaba en la nuca y en los hombros.

Los mismos encargados, una vez conscientes del problema, idearon un nuevo método de control: cambiar el sentido de sus evoluciones para acercarse por delante a las trabajadoras. Mientras lo hacían, les dirigían unas palabras y se colocaban a su lado para inspeccionar sus tareas. Así, establecieron un rapport armónico con ellas, medida que se reveló suficiente para que desaparecieran los dolores y se restablecieran los niveles de calidad del trabajo.

A mi juicio, el rapport no solo es importante en el campo de las relaciones personales. También los materiales didácticos han de ser atractivos para que deseemos estudiarlos y aprender con ellos. Hay libros que despiertan nuestro interés, mientras que otros nos parecen simplemente indigestos. Opino que hay autores que, a través de sus obras, consiguen establecer un rapport favorable con los lectores. Otros, en cambio, parecen olvidar que sus lectores son seres humanos.

Un rapport armónico es condición indispensable para motivar al estudiante, para excitar su interés por la materia que se le propone. El rapport crea una base común, una misma longitud de onda entre los dos extremos del proceso, consigue que las energías se enfoquen hacia la misma meta en lugar de que se despilfarren inútilmente.

¿Cómo se crea ese vínculo solidario, esa sensación de afinidad entre el profesor y sus alumnos? Las medidas superficiales casi nunca lo logran, no basta que el profesor se vista igual que los alumnos o que copie su lenguaje. Las actitudes falsas más bien suscitan desconfianza.

Establecer un rapport armónico es relativamente sencillo cuando se trata de un solo alumno. Será suficiente con aplicar la misma técnica que en las relaciones entre dos personas: el reflejo. El profesor se adapta al alumno a través de la respiración, el tono y el volumen de la voz, imitando algunos de sus movimientos, etc. Es aconsejable no obstante que emplee el reflejo cruzado, para que los alumnos, que suelen ser excelentes observadores, no se den cuenta de lo que ocurre. Reflejará, por ejemplo, los nerviosos movimientos de un niño hiperactivo con el casi imperceptible levantamiento de un dedo.

Es bastante más complicado crear un buen rapport con todo un grupo de estudiantes. No es posible reflejar a varios individuos simultáneamente y tampoco se trata de escoger a uno de entre todos. Por desgracia, son muchos los profesores que hacen esto último, convirtiendo a sus alumnos favoritos en punto de referencia y olvidándose del resto de la clase. Su actitud resulta comprensible, porque a través de tales alumnos, que nunca falta, que están siempre atentos y colaboran con interés, obtienen cierto reconocimiento a su labor. No es de extrañar que los demás se desinteresen cada vez más y se muestren inquietos y rebeldes.

De acuerdo con mi experiencia, el primer paso que hay que dar para establecer un rapport armónico con un grupo es de naturaleza espiritual. Hay que presentarse al grupo con los brazos abiertos -metafóricamente hablando-, con el fin de involucrarlos a todos en la consecución de un objetivo común. Los alumnos han de sentir que el profesor no se cree superior a ellos, sino que los ve como iguales y los estima a cada uno por igual. Es cierto que les lleva cierta ventaja en lo referente a conocimientos y otros recursos, pero esto no basta para situarlo en un nivel más elevado como ser humano.

La misión de un profesor consiste en transmitirles, lo mejor que sepa, una serie de conocimientos teóricos y prácticos a sus estudiantes, además de ayudarles a que desarrollen su potencial con plena libertad. Aquel profesor que deje entrever esta convicción en el trato con sus alumnos logrará contactar estrechamente con ellos.

La visualización que sigue está destinada a ayudar al docente a crear una sensación de unión con sus alumnos y a suprimir cualquier miedo que pudiera tener a hablar ante el grupo. El profesor deber imaginar que su energía vital va extendiéndose y fundiéndose con las energías de sus estudiantes, hasta quedar envuelto en una especie de campo energético común. Esto bastará para hacer desaparecer cualquier miedo -no se puede temer a quien está íntimamente unido a uno mismo- y para generar un sentimiento de solidaridad. Ni siquiera es preciso creer en la existencia de campos de energía etérea, el poder de la imaginación no tiene fronteras.

El segundo peldaño en la búsqueda de un rapport favorable es ajustar la enseñanza a las necesidades de los alumnos. El profesor deberá estudiar continuamente sus reacciones y ser muy flexible a la hora de fijar los grados de dificultad del material de estudio, su volumen, la velocidad y la forma de la exposición, etc. Analizará igualmente la gestualidad de los estudiantes, de modo que pueda prevenir a tiempo cualquier reacción negativa, resistencias, pasividad, agresividad, etc.

Un docente no debe olvidar que el sistema perceptivo favorito de parte de su alumnado será distinto al suyo, por lo que si pretende que todos tengan las mismas oportunidades habrá de emplear la totalidad de los canales de salida en el momento de exponer y tratar una materia. Más adelante profundizaremos en este importante problema.

Como ya he indicado, la motivación es básica en todo proceso de aprendizaje. Un individuo de escaso talento y gran motivación puede aprender más que otro muy capacitado pero desmotivado. Por regla general, la carencia de motivación suele proceder de experiencias negativas anteriores, por ejemplo del hecho de haber tenido en algún momento una relación conflictiva con un profesor. La frustración que esto suele acarrear se ancla tan profundamente que afecta a cualquier aprendizaje emprendido por el alumno. La gravedad del asunto, lógicamente, será tanto mayor cuanto más traumática haya resultado la vivencia del fracaso.

La actitud psicológica del sujeto es, por consiguiente, el factor fundamental del proceso motivador. Es cierto que determinadas medidas, grupos reducidos, ambiente agradable, cantidad y calidad de los medios didácticos, etc., poseen una incidencia positiva sobre la disposición ante el estudio, pero lo más básico, si se pretende que el alumno cambie de raíz su actitud ante el aprendizaje, es la supresión de los anclajes negativos.

Antes de proseguir con el tema de la motivación de los alumnos, hagamos un inciso para hablar de la motivación de los profesores. Muchos docentes, sobre todo aquellos que enseñan en las escuelas masificadas de las grandes ciudades, se sienten impotentes y crispados frente a las actitudes pasivas o agresivas de los estudiantes. Son bastantes los que acaban por considerar una afrenta personal este tipo de reacciones desinteresadas, pueden incluso llegar a interpretar como una prueba de su fracaso profesional el hecho de que, durante un día soleado y primaveral, un alumno mire por la ventana mientras ellos están explicando algo. Para tomar conciencia de su error, nada mejor que inscribirse en un seminario de perfeccionamiento y observar su propia conducta. Pronto entenderán que es muy fácil distraerse o sentirse desganado y descubrirá con asombro que ellos mismos pueden conducirse en un momento dado como alumnos típicos.

Las personas que deseen estudiar con más facilidad tienen a su disposición un excelente medio para lograrlo: la técnica del anclaje.

Comprueba por ti mismo su eficacia. Seguramente recuerdas un tiempo en el que aprender no te costaba ningún esfuerzo. Piensa en tu infancia -los niños aprenden mediante el juego-, o en alguno de tus hobbys -siempre se aprende sin esfuerzo aquello que nos interesa y nos satisface-. Retrocede hasta esos momentos en los que aprendías con deleite y vuelve a vivirlos de manera asociada, percibiéndolos con todos tus sentidos. Suponiendo que se trate de una excursión al campo programada por el profesor de biología, ¿recuerdas el olor de los prados, de los bosques? Cuando te halles plenamente inmerso en la experiencia, justamente en el instante de máximo gozo, fondea el ancla de manera que todas esas impresiones positivas se graben en tu cerebro.

Como ancla, escoge un movimiento que pueda realizarse sin llamar la atención. Las biografías de Friedrich Schiller dejan entrever que este poeta utilizaba un ancla curioso para estimular su creatividad: se inspiraba cuando notaba un olor a manzanas podridas saliendo del cajón de su mesa. Seguramente, en algún periodo especialmente creativo de su vida, debió haber algunas manzanas pudriéndose en el interior de su escritorio, con lo que el aroma se le quedó grabado indeleblemente y se erigió un poderoso ancla natural.

Para tus propósitos, no obstante, conviene que elijas anclas más asequibles, porque no es fácil disponer de manzanas podridas siempre que uno lo necesite. Puedes tocarte el lóbulo de la oreja, juntar tres dedos de la mano, visualizar una cierta imagen o simplemente decirte una palabra o una frase. Un gesto muy adecuado es presionarse ambos lados de la nariz, en los lugares donde reposan las gafas, con los dedos pulgar e índice. Se trata de un movimiento muy común que no atrae la atención de nadie.

Después de echar el ancla se puede probar si la grabación ha funcionado, si el ancla es lo suficientemente poderosa. Haz el movimiento de anclaje y déjate sorprender por la agradable sensación que te invadirá. En caso de que no sea así, no dudes en repetir todo el proceso.

Cuando te decidas a estudiar y abras el libro, habrá llegado la prueba de fuego, el momento de comprobar si el método funciona en la práctica. Relájate lo más profundamente que puedas y acciona el ancla. Goza de tu excelente y nueva disposición hacia el estudio, de tu certeza de que aprenderás con más facilidad que nunca, o mejor dicho, de que aprenderás con el mismo placer y la misma comodidad que en aquel momento del pasado.

Lo ideal sería que el profesor pudiera dedicarle un tiempo a cada alumno, por separado, pero por desgracia no disponemos de todo el tiempo del mundo y muchas veces tampoco de la voluntad requerida.

Lo que en cualquier caso sí debe hacer un buen instructor es incentivar a sus alumnos, mejorar su motivación. Claro está que nadie podrá motivar a otros si a él mismo le falta motivación, ni convencerlos de algo de lo que él mismo no esté convencido. Nadie nos creerá si nuestros actos no concuerdan con nuestras palabras y la influencia que pretendemos ejercer se perderá como el agua en la arena. Si queremos transmitir una emoción positiva primero tendremos que experimentarla. Acuérdate de Udo Abel, el comunicador estrella. Era su propia ilusión y su entusiasmo lo que contagiaba a la audiencia. Los oyentes siempre se percatan de que un orador cree en sí mismo y en sus palabras, esto es, de que desea darles lo mejor de sí y naturalmente, son siempre esta clase de personas íntegras las que alcanzan el éxito.

Algunos de los profesores que lean estas páginas objetarán que son las condiciones en que se desenvuelve su trabajo, aulas abarrotadas, alumnos desinteresados, etc., las que les impiden motivar a los estudiantes. Admito que son numerosos los argumentos en contra, pero de nada sirve refugiarse en ellos, lo que hay que hacer es buscar y encontrar argumentos que favorezcan el proceso motivador.

Observa las medidas que adoptan otros, tómalos como modelo, descubre los conceptos básicos que manejan y adáptalos a tus circunstancias personales, ten más confianza en ti mismo, convéncete de la utilidad de tu labor y tendrás más éxito.

Los elementos básicos para mejorar el proceso de aprendizaje son el rapport, la motivación y las estrategias. Vamos a hablar ahora del último.

Por muy buena que sea la motivación del profesor, por muy intenso que sea su magnetismo personal, no conseguirá nada si no es capaz de adaptar su estrategia docente a las estrategias individuales de sus alumnos, o si éstos no poseen la disposición apropiada.

La disposición hacia el aprendizaje de una persona depende de su sistema perceptivo favorito. Supongamos que un determinado estudiante es fundamentalmente visual, mientras que su profesor se decanta por el sistema auditivo. Si este se limita a explicar la materia mediante palabras, el alumno no logrará "verla". No existirá ninguna sintonización entre el emisor y el receptor.

Al individuo visual no le servirá de nada que el profesor vuelva a explicar las cosas con otro tipo de expresiones. Escuchará sus palabras, pero no le dirán gran cosa. Lo que necesita son imágenes, porque el canal auditivo es para él algo secundario.

El exceso de palabras puede incluso provocarle un estado de confusión parecido al trance. De hecho, en la hipnosis se utiliza la "sobrecarga" informativa como medio rápido de inducción. El alumno se desconecta más o menos del estado consciente cuando no tiene tiempo de asimilar la información, sobre todo si es muy compleja y se manejan términos difíciles de comprender. Y si además la voz del profesor suena monótona, el cerebro del alumno pronto se niega a seguir cooperando y le resulta muy difícil mantener despierta la atención.

En la enseñanza de grupos hay que tener muy en cuenta que en ellos habrá representantes de todos los sistemas perceptivos. Es fundamental usar todos los canales en las exposiciones y no únicamente aquel que el profesor prefiera. La moderna tecnología y la gran cantidad de materiales didácticos existentes facilitan mucho esta tarea.

El hecho de que un sujeto se decante por un determinado sistema perceptivo no significa que no puede utilizar en absoluto los demás. Por ello, se debe procurar que los estudiantes realicen alternativamente labores como leer, mirar, expresarse, escuchar grabaciones, entender y repetir lo que expone el profesor, escribir, dibujar, moverse, gesticular, debatir, palpar, construir algo, explicarle el tema a otros, etc. Esto último, explicarle a otros lo que se ha estudiado, es una magnífica manera de aprender.

El otro requisito básico del aprendizaje es que el estudiante se acerque a la materia con un talante constructivo. La psicología del aprendizaje enseña que se memoriza mejor aquello que evoca en nosotros un sentimiento positivo. Cuando lo que se suscita son nuestras emociones negativas no podemos recordar con tanta facilidad, aunque siempre será más efectivo que lo que no nos produzca sentimiento alguno.

Ayuda a tus estudiantes y ayúdate a ti mismo a encontrar recursos latentes. Los seres humanos disponen de incontables recursos inexplotados. Si somos capaces de despertarlos estaremos en condiciones de adquirir más conocimientos y desarrollar nuevas capacidades.

Los fracasos persistentes se deben a menudo a estrategias de aprendizaje erróneas. Voy a explicar cómo un alumno puede superar sus dificultades ortográficas cambiando sencillamente de estrategia. Uno de los primeros en señalar que la incapacidad de escribir correctamente es consecuencia de una estrategia de aprendizaje inadecuada fue Richard Bandler.

Observa cómo escriben los alumnos que no cometen faltas de ortografía: cuando tienen alguna duda acerca de cómo se escribe una palabra suelen dirigir la mirada hacia la zona superior izquierda o mirar desenfocadamente hacia el frente. Esto significa que están visualizando la palabra antes de escribirla. Acto seguido, realizan una prueba kinestésica para cerciorarse de que la grafía es acertada. Al preguntarles en qué notan que lo es suelen responder algo como que las palabras correctas permanecen quietas mientras que las incorrectas bailan.

Analiza ahora los movimientos oculares de los alumnos que tienen problemas ortográficos. Frecuentemente efectúan movimientos erráticos, que pueden ir de la parte inferior derecha a la izquierda y volver de nuevo a la derecha, pero sin pasar en ningún momento por la parte superior izquierda. Lo decisivo, sin embargo, es el procedimiento que eligen para la comprobación. Al sentir que la grafía escogida es incorrecta realizan una prueba auditiva, leyendo la palabra para sí mismos, en voz alta o moviendo los labios. El control auditivo es poco eficaz, particularmente en lenguas como el alemán, el inglés y el francés, en las que la pronunciación suele ser muy diferente de la grafía.

Es posible ayudar a estos alumnos para que cambien su estrategia de una forma rápida y eficiente. Se les pedirá que visualicen las palabras mientras las leen, es decir, que se detengan un momento, dirijan su mirada hacia la parte superior izquierda y se imaginen la palabra. Al escribirla deberán recordar la visualización y contrastarla con lo que escriben con el fin de aprender a sentir si una grafía es correcta o no. Este control no debe realizarse de ningún modo mediante el sistema auditivo ni tampoco la mirada debe moverse horizontalmente. Hay que mirar hacia la parte superior izquierda mientras se compara una grafía con la otra. En el caso de los zurdos, la mirada se dirigirá hacia el ángulo superior derecho.

El cambio de estrategia no significa que el problema se suprima de una vez y por completo. El proceso de visualización y la correspondiente memorización de las imágenes requieren, para llegar a ser eficaces y convertirse en algo automático, un entrenamiento continuo. Cada vez que se aprende una palabra nueva hay que hacer énfasis en la representación visual. Un buen ejercicio es el conocido método de las tarjetas en las que se halla correctamente escrita una palabra problemática.

Las investigaciones realizadas en este campo han demostrado que el método de las estrategias correctas contribuye decisivamente a mejorar la capacidad ortográfica de los alumnos, ahorrándoles una gran cantidad de energía que podrán invertir en otros de mayor importancia.

Escoger la estrategia adecuada es fundamental en cualquier ámbito de la existencia. De ello depende que nuestros propósitos, aprender, educar, curarse, dirigir una empresa, vender algo, ascender profesionalmente, motivarnos, motivar a otros, etc., se cumplan o se malogren. Todo resulta fácil cuando se utiliza la estrategia apropiada.

¿Manipular para vender?

Un vendedor hábil es capaz de vender cualquier cosa. Veamos una anécdota al respecto.

"Parte del día nº 112. Fecha: 24-7-72. Viajante: H. Sauer, Darmstadt. He vendido una máquina de ordeño 'Vaca 10' al granjero Andreas Kalgi, de Neustadt, Winterstrasse 11. Me pagó entregándome la vaca. Fdo.: H. Sauer".

Probablemente tú te rijas con arreglo a otra máxima bastante más correcta, la de que un cliente satisfecho seguirá siendo un cliente. Los clientes complacidos necesitan realmente lo que adquieren, los productos se adecuan a sus exigencias y los precios resultan justos. Así, ningún cliente tendrá motivos para arrepentirse de una compra.

Pero son muchos los directores de ventas que, presionados por los propietarios de la empresa, opinan lo contrario. En el caso de que seas vendedor y te obliguen en algún momento a adoptar una determinada medida supuestamente destinada a aumentar las ventas, lo mejor será que animes a tus jefes a cambiar de estrategia, haciéndoles ver que el concepto del éxito a largo plazo siempre resulta más fructífero, especialmente cuando se desea conservar la mejor baza de que uno dispone: la dignidad personal y la credibilidad.

La acción de vender no es un mero trueque de bienes y productos. También se está prestando ciertos servicios, y no hay que olvidar que nuestro propio trabajo es uno de ellos.

Un vendedor experto procura, en primer lugar, establecer un rapport favorable con su cliente (véase lo expuesto en el capítulo IV). Toda compra es el resultado de una decisión. En consecuencia, el vendedor ha de obtener informaciones que le permitan influir en ella. No basta con averiguar qué producto necesita el cliente, qué modelo prefiere, qué precio está dispuesto a pagar o de quien depende el que la operación se haga efectiva. Esto no son más que los datos básicos. Existe otro detalle fundamental para el éxito de la transacción, que no es otro que la siguiente pregunta: ¿cuál es la *estrategia decisoria del potencial cliente*?

El buen vendedor sabe cómo abordar a los clientes conocidos para negociar adecuadamente y cuando no los conoce, sabe sondearlos previamente con objeto de establecer el plan de presentación del producto. Tomar una decisión es siempre la consecuencia de un proceso individual que se desarrolla conforme a las pautas características del comprador, y esto no solo es válido en las operaciones comerciales.

Hay quien se decide con rapidez y quien tarda bastante, quien se decide por sí mismo y quien precisa del consejo de alguien en el que confíe, quien necesita acumular mucha información antes de comprar algo y quien lo hace basándose en muy pocos datos. Para éste es determinante que el producto le guste personalmente y para aquél que le guste a otros, unos se deciden a comprar algo por propia convicción y otros porque desean llevarle la contraria a alguien. Podríamos continuar durante largo tiempo enumerando posibles motivaciones decisorias.

Pero ¿cómo se obtienen estas informaciones cuando no se conoce al cliente? La maniobra no es fácil. A veces se puede deducir algo de las conversaciones previas tomando como modelo alguna compra que el cliente haya realizado en el pasado. Otras fuentes que pueden proporcionar pistas válidas son las personas que rodean al comprador: secretarias, colaboradores, amigos, etc.

Las estrategias de decisión influyen sobre otro de los factores que el vendedor ha de tener muy en cuenta: la *estrategia de compra* del cliente, esto es, la manera en que suele proceder al adquirir un producto. Para conocerla se le puede preguntar directamente por el método que sigue a la hora de comprar algo. Naturalmente, la pregunta puede resultarle extraña, pero eso puede evitarse explicándole que lo hacemos con el fin de conocerle mejor y estar en óptimas condiciones para satisfacer sus deseos, exigencias y necesidades.

La información que obtengamos nos ayudarán a presentar el producto con la máxima eficacia, sobre todo si lo hacemos a través de los canales perceptivos preferidos por nuestro interlocutor. Fíjate en cuáles son sus expresiones favoritas y en sus movimientos oculares. Al cliente que evalúe una oferta desde una óptica visual le satisfará que le hagamos *ver* los resultados de su decisión, al que lo haga apoyándose en lo kinestésico le satisfará que le mencionemos las sensaciones que el producto le provocará, etc.

Todo lo anterior pone de relieve lo importante que es, en el campo comercial, establecer un rapport favorable y crear un clima agradable. El vendedor necesita que su cliente se abra y deje entrever suficiente información sobre su persona que de otro modo sería muy difícil de obtener. Nada de esto será una novedad para los vendedores experimentados, pero tampoco este trabajo pretende ser un manual mercantil. Lo único realmente novedoso es el consejo de que se tome conciencia de las estrategias de decisión y los sistemas perceptivos empleados mayoritariamente por los clientes, de modo que podamos armonizarnos con su modo de ser.

Considerado desde la óptica del vendedor, el típico plan europeo y norteamericano de atacar directamente cualquier negociación, sin ningún tipo de preámbulos, no puede ser apropiado. En las culturas orientales, en la japonesa por ejemplo, esta forma de actuar no está bien vista.

Un ambiente relajado siempre es útil, porque además de ser terreno abonado para fondear cualquier ancla, el cliente tenderá a proyectar esa sensación sobre el producto o sobre la idea que se le esté ofreciendo. Pese a todo, ni el vendedor más hábil puede estar completamente seguro de que sea suficiente con estimular los sentimientos adecuados de su cliente en el momento justo. Por fortuna, las técnicas de anclaje nos permiten dar un paso más en la buena dirección.

Si conducimos correctamente la conversación, logrando que el cliente nos cuente de una forma espontánea alguna experiencia que tenga para él connotaciones positivas, podremos anclar dicha experiencia en el instante exacto, y más adelante, cuando se disponga a tomar la decisión, reactivarla.

Volvamos al ejemplo del capítulo IV. El cliente acababa de regresar de una estupendas vacaciones y se hallaba más que dispuesto a relatar sus vivencias. Había estado en una playa mediterránea y contó, con orgullo, que había aprendido a hacer surfing. Mientras lo narraba iba reviviendo sus sensaciones, produciéndose el clímax en el momento en que se vio a sí mismo en la tabla cabalgando sobre las olas. Tú, que lo estás observando con mucha atención, fondeas el ancla -sus mismos gestos- en ese instante de máxima felicidad. Ya sabemos que las anclas más poderosas son las que están basadas en el contacto físico, pero por desgracia son contadas las ocasiones en que éste es posible. No obstante, existen ciertos gestos que, pese a que son captados inconscientemente por el sujeto, no llaman la atención. Podríamos, por ejemplo, volver la palma de la mano hacia arriba, como imitando la forma de un cuenco abierto, y acompañar este gesto de un leve cabeceo. Al mismo tiempo se podrían pronunciar ciertas palabras o sonidos. Pero ¡atención, hay que escoger algo que pueda repetirse en el momento de reactivar el ancla!

Si decimos, por ejemplo, la frase: "ha tenido Vd. una experiencia impresionante", será fácil reiterarla en su momento, aplicada a las experiencias que otras personas han tenido con el producto. "Las *experiencias* de todas las personas que han comprado este equipo han sido muy satisfactorias. Han afirmado que su calidad y su fiabilidad son *impresionantes*". Al pronunciar lo anterior se repetirá el gesto del cuenco y el ligero cabeceo.

Otro método eficiente consiste en emplear como ancla determinadas expresiones del cliente. Toma nota de si, en el curso de la conversación, usa a menudo ciertas palabras-clave que reflejen su actitud emocional y su escala de valores. Ellas te indicarán qué es lo que realmente desea, lo que es importante para él. En la mayoría de los casos serán expresiones carentes de un significado preciso, esto es, que su sentido estará revestido de subjetividad. Conociendo esas palabras-clave podremos utilizarlas para describir el producto y el resultado será que sus características concordarán con los criterios del cliente.

He aquí algunos ejemplos de palabras-clave: seguro, fácil, útil, fiable, moderno, cómodo, agradable, valioso, ecológico...

Supongamos que deseas vender un procesador de textos. La jefa de un despacho de mecanografía te dice: "lo que precisamos es un procesador sencillo de manejar. En este despacho confeccionamos numerosas listas y tablas. Con las máquinas que teníamos antes la cosa resultaba más fácil y rápida que con los sistemas actuales. Las mecanógrafas tardan demasiado en aprender a utilizar la informática y cuando por fin son capaces de hacerlo, las trasladan a otros despachos y nosotros tenemos que recomenzar todo el proceso".

Sería muy deseable que tuvieras un procesador *sencillo* que ofrecerle, porque eso es justamente lo que busca tu cliente. Por supuesto que también tendrás que meditar acerca de los motivos de ese afán de *facilidad*. Quizás la razón de los traslados del personal no sea la que ella piensa. La causa podría estar en el escaso atractivo del trabajo, en la remuneración o en su misma personalidad. Tal vez tú puedas ofrecerle algo que mejore la situación.

Ejecutar un anclaje con habilidad y eficacia es algo que requiere mucho entrenamiento. Además de los sectores laborales, existen otras muchas ocasiones y lugares para ensayar, por ejemplo en la vida privada. Si anclas los estados de relajación, serenidad y contento de tus hijos, te costará muy poco tranquilizarlos cuando se hallen asustados o se comporten de una forma agresiva.

Hay algo que conviene no olvidar. El anclaje es, realmente, una técnica sumamente eficiente, pero si tu interlocutor también está familiarizado con estos procedimientos tendrás que conducirte con mucho tacto si quieres tener éxito. Voy a ilustrar lo que acabo de decir con un experimento concebido por Horst U. Tabler.

Estoy de pie, detrás de una mesa vacía, señalándola con la mano derecha. Mi mano izquierda pende junto a mi costado. Manteniendo la derecha a unos treinta centímetros por encima de la mesa, me dirijo a los espectadores y les digo: "sobre esta mesa hay una caja de cartón que contiene cierta mercancía. La caja tiene treinta centímetros de altura, es cuadrada y de color amarillo. Denominemos A a la mercancía. Cuando desempaquetamos la caja huele a fresas".

Dejo caer mi mano derecha y señalo la mesa vacía con la izquierda. Adopto la misma postura anterior, pero con las manos cambiadas. "Aquí hay otra caja de cartón con determinada mercancía en su interior, igualmente cuadrada y de color amarillo. A la mercancía que contiene la vamos a llamar B. Cuando desempaquetamos la caja huele a fresas".

Acto seguido dejo caer la mano izquierda, levanto la derecha y señalo la imaginaria caja A. "Aunque pueda parecer que ambas mercancías tienen características similares, voy a pedirles que se decidan de forma rápida y espontánea, siguiendo su intuición, por aquella mercancía que se les antoje mejor. Anoten la letra correspondiente".

He realizado este experimento en múltiples ocasiones y el resultado siempre ha sido idéntico: la mayoría de los participantes se inclinan por la letra A. Pero, y aquí está el quid del asunto, solo se decantan por la mercancía A cuando no saben nada de anclajes. En caso contrario el experimento deja de arrojar resultados tan contundentes, incluso puede suceder que la mayoría se incline por la mercancía B.

De ello se desprenden dos conclusiones:

1ª) Dado que el conocimiento de estas técnicas se está expandiendo, habrá que perfeccionarlas y hacerlas cada vez más sutiles, para asegurarse el éxito en el futuro.

2ª) Cuanto más enterada esté una persona del tema y cuanto mayor sea la sensibilidad de su sistema perceptivo, menos riesgo correrá de que la manipulen.

Epílogo

Al redactar una introducción a una materia novedosa, el autor deberá limitar el caudal informativo y elegir lo fundamental. Dejando al margen el hecho de que ninguna exposición puede ser totalmente exhaustiva debido a que continuamente se producen nuevos hallazgos, yo he renunciado deliberadamente a tratar ciertos temas, pese a su trascendencia y repercusión.

Así, no he tocado la cuestión básica de las relaciones interfamiliares y de pareja, que es un campo en el que destacan especialmente los trabajos de Virginia Satir, una auténtica experta en terapias familiares. Tampoco he tratado sistemas de gran envergadura como los patrones de intervención en los arbitrajes y mediaciones, que suelen ser muy útiles a la hora de suavizar posturas rígidas. Las enfermedades también se han quedado a un lado, aunque soy consciente de que en ese campo se han producido excelentes resultados, concretamente con las alergias y con el cáncer.

Mi libro tampoco se adentra en el terreno del empleo terapéutico que puede hacerse de metáforas, fábulas, parábolas, anécdotas, cuentos de hadas, chistes, etc., todo lo cual ha sido usado desde tiempos inmemoriales para transmitir determinadas enseñanzas e influir en el comportamiento humano. Algunos ejemplos son el sermón de la montaña, de Jesucristo, la parábola de la cueva, de Platón y la Odisea de Homero.

Las metáforas, al provocar en nosotros un proceso de búsqueda inconsciente, nos abren la puerta de aquellas dimensiones que le están vedadas a nuestra limitada mente consciente. Identificándonos consciente o inconscientemente con un cierto argumento, podemos aprovechar la solución que se nos ofrece y aplicarla a nuestras circunstancias. Erickson fue un verdadero maestro en el manejo de las imágenes arquetípicas.

¿Donde se hallan las fronteras de los recursos humanos? No lo sé, ni quiero saberlo. No se puede afirmar que algo es imposible hasta haberlo intentado. Así es como pienso tras haber experimentado una y otra vez con la multitud de innovaciones, anteriormente insospechadas, que pueden abrirse ante cualquier persona que confíe en su creatividad.

Desde esta perspectiva no hay sitio para el fracaso. Todo es cuestión de creatividad, flexibilidad y paciencia. Si no logras tu objetivo empleando determinada técnica, prueba con otra, hasta que encuentres la solución del problema. He aquí una idea realmente poderosa: ¡todos los problemas tienen solución!

A mi juicio, no tiene sentido buscar constantemente en el pasado la manera de asimilar nuestras cargas psíquicas. Lo mejor es hacer balance y decirse a uno mismo: "yo estoy viviendo aquí y ahora. El pasado solo sirve para aprender de él. A partir de hoy voy a reprogramar mi vida; seré un individuo sano y satisfecho, un individuo feliz, y tendré éxito. Consideraré cada nuevo día como una oportunidad para cambiar y sobre todo, en lugar de concebir la vida como una pesada carga me alegraré de poder estar en ella".

Nunca olvidaré una cita escrita al pie de una imagen de San Agustín que decoraba la pared de cierto seminario. Cada vez que leía los siguientes versos me inundaba una bella sensación de alegría:

> Oh hombre, aprende a bailar.
> De lo contrario, los ángeles del cielo
> ¡no sabrán qué hacer contigo!

Como colofón, quisiera contaros una fábula. Si conocéis la historia, os daréis cuenta de que la he variado un poco. En mi versión no hay un vencedor y un perdedor, sino dos ganadores.

Una noche, dos ranas se pusieron en marcha con objeto de explorar los alrededores y conocer cosas nuevas e interesantes. Mientras avanzaban, se oía el chapoteo de sus patas en el suelo húmedo y la luna, desde lo alto del cielo, iluminaba su camino.

Súbitamente se encontraron ante una puerta abierta. Sintieron curiosidad y penetraron en un fría estancia, en cuyo piso enlosado había varias tinajas.

Sin pensárselo dos veces, una de las ranas -llamémosla Zis- dio un salto y se encaramó en lo alto de uno de los recipientes. Cuando se dio cuenta de que carecía de tapadera ya era demasiado tarde. Cayó en su interior, sumergiéndose en un líquido blanco y cremoso. La otra rana, Zas, escuchó el chapoteo y, como las ranas suelen tener una gran corazón, acudió inmediatamente a socorrer a su compañera. Hay ocasiones en que el sentimiento vence a la razón.

Es sobradamente conocido que las ranas nadan magníficamente, aunque ellas mismas no sean conscientes del recurso que esto supone. Les ocurre justamente lo que al resto de los seres vivos, que, dotados como están de propiedades tan singulares, las ignoran.

Al principio gozaron nadando a la luz de la luna y sorbiendo pequeñas porciones de nata, pero pronto comenzaron a fatigarse. "¡No puedo más!" dijo Zis, jadeando, "nunca saldremos de aquí, no tiene sentido seguir nadando".

Zas, aproximándose a su compañera, le dijo: "tienes razón, esto está muy difícil, las paredes son lisas y muy altas, pero recuerda lo hermosa que es la vida en nuestra charca, cuando nos reunimos a cantar y a gozar de todo lo que nos rodea". Zis se animó un poco, "yo también quiero seguir viviendo", dijo, "pero, ¿cómo saldremos de aquí? Por mucho que lo pienso, no doy con la solución". "Cuando las circunstancias apremian", reflexionó Zas en voz alta, "lo mejor es seguir el dictado de la intuición. Cierta vez soñé con nuestros ancestros de hace millones de años, eran más grandes que nosotras y aún no sabían pensar demasiado bien. Sin embargo, y pese a lo peligrosa que era entonces la vida, consiguieron sobrevivir. En este instante nuestra existencia es tan peligrosa como la suya. ¿Sabes lo que me dijo nuestro tatarabuelo en el sueño? Pues me dijo que hay una solución para cada problema, que esa solución está en nuestro interior y que la conocemos sin ser conscientes de ella. Si uno no se rinde, siempre encontrará la manera de seguir adelante. Mientras hay vida hay esperanza".

Las dos ranas continuaron pataleando entre la nata para no hundirse. Al cabo de un rato era Zas la que se hallaba al borde de la desesperación, y Zis le dijo: "¿de qué sirve haberse esforzado tanto si ahora nos rendimos? ¿te acuerdas de cuando la cigüeña nos estuvo acechando y tú conseguiste alejarla de nuestra familia una y otra vez gracias a tu valor y a tu habilidad?".

Así se transmitían valor la una a la otra, recobrando los ánimos a base de recordar otras situaciones difíciles del pasado.

Finalmente despuntó el alba y justo en el momento que los primeros rayos del sol atravesaban la ventana, las dos ranas sintieron de repente algo sólido bajo sus pies: se hallaban sobre un porción de mantequilla que, sin darse cuenta, ellas mismas habían producido con su constante pataleo nocturno. Se sintieron muy felices por estar vivas y muy agradecidas por haber tenido una experiencia que marcaría toda su vida futura.

BIBLIOGRAFIA

Andreas, Connirae und Steve: Gewubt wie. Paderborn 1988.

Andreas, Connirae und Steve: Heart of the Mind. Moab, Utah, 1989.

Aspromonte, Don, und Austin, Diane: Green Light Selling. Lakewood 1990.

Bachmann, Winfried: Das neue Lernen. Paderborn 1991.

Bandler, Richard, und Grinder, John: Metasprache und Psychotherapie. Paderborn 1984.

Bandler, Richard, und Grinder, John: Neue Wege der Kurzzeit-Therapie. Paderborn 1985.

Bandler, Richard, und Grinder, John: Patterns of the Hypnotic Techniques of Milton H. Erickson. Cupertino, California, 1975, volume 1 1975, volume 2 1977.

Bandler, Richard, und Grinder, John: Reframing. Paderborn 1985.

Bandler, Richard, und MacDonald, Will: Der feine Unterschied. Paderborn 1990.

Bandler, Richard: Veränderung des subjektiven Erlebens. Paderborn 1988.

Besser-Siegmund, Cora: Easy Weight. Düsseldorf 1988.

Bierach, Alfred: NLP - Die letzten Geheimnisse der Starverkäufer. Landsberg 1989.

Bierbaum, Georg, Marwitz, Klaus, May, Horst: Happy Selling. Paderborn 1990.

Birkenbihl, Vera, Blickhan, Claus, Ulsamer, Bertold:

Einstieg in die Neuro-Linguistische Programmierung. Speyer 1987.

Blickhan, Daniela und Claus: Denken, Fühlen, Leben. München/Landsberg 1989.

Brinkmann, Manuela: Unterwegs zur Vollkommenheit: Rolfing und NLP-Körper und Geist. Paderborn 1989.

Bross, Michael: Instant Rapport. New York 1989.

Cameron-Bandler, Leslie, und Lebeau, Michael: Die Intelligenz der Gefühle. Paderborn 1990.

Cameron-Bandler: Wieder zusammenfinden. Paderborn 1985.

Dilts, Robert, Bandler, Richard, Grinder, John u.a.: Strukturen subjektiver Erfahrung. Paderborn 1987.

Dilts, B. Robert: Identität, Glaubenssysteme und Gesundheit. Paderborn 1989.

Erickson, Milton H., Rossi, Ernest L., Rossi, Sheila L.: Hypnose. München 1976.

Erickson, Milton H., Rosi, Ernest L.: Hypnotherapie. München 1979.

Gordon, David: Therapeutische Metaphern. Paderborn 1985.

Grinder, John, und Bandler, Richard: Kommunikation und Veränderung. Paderborn 1984.

Grinder, John, und Bandler, Richard: Therapie in Trance. Stuttgart 1988.

Haley, Jay: Die Psychotherapie Milton H. Ericksons. München 1973.

Houston, Jean: Der Mögliche Mensch. Basel 1984.

Krusche, Helmut: Renden und Gewinnen. Genf/München 1988.

Krusche, Helmut: Spontan Ihr Gegenüber erfassen. Menschenkenntnis intuitiv. Genf/München 1987.

Krusche, Helmut: Entschuldigen Sie die Unordnung. Ordnung-das halbe Leben? Genf/München 1989.

Laborde, Genie Z.: Fine tune your brain. Palo Alto, California, 1988.

Nagel, Van Clint u.a.: Megateaching. Freiburg im Breisgau 1989.

Ornstein, Robert: Multimind. Paderborn 1989.

Peseschkian, Nossrat: Der Kaufmann und der Papagei. Frankfurt a. M. 1989.

Readers Digest. August 1989.

Richardson, Jerry: The Magic of Rapport. Cupertino, California, 1987.

Robbins, Anthony: Unlimited Power. New York 1987.

Satir, Virginia, und Baldwin, Michele: Familientherapie in Aktion. Paderborn 1985.

Sopp, Helmut: Wie der Mensch wirklich ist. Düsseldorf, Wien 1964.

Stahl, Thies, Triffst du 'nen Frosch unterwegs... Paderborn 1985.

Tabler, Horst: NLP der "Turbolader" für Ihre Persönliche Verkaufstechnik. Pforzheim o. J.

Vester, Frederic: Denken, Lernen, Vergessen. München 1988.

Weib, Josef: Selbst-Coaching. Paderborn 1990.

Waas, Emil und Margit: Es Fängt damit an, dab am Ende der Punkt fehlt. München 1975.

INDICE